長白山漁獵文化・下冊

目
錄

第三章・狩獵史話

第三章 ——

狩獵史話

狩獵歷程

人類在久遠的生存歷程中曾經有過與動物相互依存、相互殘殺的歷史時期，人們在同大自然進行搏鬥的歲月中創造了燦爛的狩獵文化，也使自己的智慧得到了充分的發揮。

據不完全統計，僅在黑龍江、松花江、烏蘇里江構成的三江平原一帶，就有無盡的飛禽走獸。這兒一望無垠的森林及草地，是各種珍禽異獸良好的生活領地，如丹頂鶴、海東青、天鵝、老雕、鷺鷥、鵪鶉、飛龍、野雞等，還有紫貂、水獺、猞猁、狐狸、灰鼠子等各種細毛獸和著名的東北虎、黑熊、野豬、獾子、貉子、獐子、梅花鹿、馬鹿、麅子、狼、豹子，等等，真是應有盡有，於是關於狩獵的故事也十分豐富多彩。

大雪茫茫的北方，山林間奔走著勇敢的民族，千百年來，青山綠水孕育著多少故事和傳說，就像天上的星星，就像地上的草木，真是說也說不完。

有這樣一個傳說，從前有個孩子，和他的爺爺住在長白山的深山老林裡，靠打獵為生，老林裡人煙稀少，經常有野獸出沒。

一天，爺爺上山打獵，孩子一個人在屋裡燒火做飯，這時一隻花斑大老虎「哎喲，哎喲」地走進來說：「我，餓得要死了！你，救我一命吧！」說著就向孩子撲來。

孩子沒有喊，也沒有叫，只是在心裡想主意。我不能讓老虎吃掉，剩下爺爺一個人在山裡多孤單哪，我要活下來⋯⋯

於是，孩子說：「虎大嬸，我真想救你一命。不過我聽人說過，你是山中大王，本領可大了，能不能和我比試比試，完了，我可以讓你吃了。」

虎，也很精明。

它，捋著自己的鬍鬚算了一會兒，說：「那得看你比什麼！」

「比賽跑吧！」

孩子，指著門外不長的一條小道。

「就這條毛道？」

「對，跑個來回，誰先回到屋裡，誰就贏。」

虎一掂量說：「還行。」

於是，孩子喊了聲：「預備——跑！」虎，已經躥到毛道的另一頭了。

孩子一看，老虎要往回返了，就不慌不忙地閃進了屋裡，拿起支棍兒，推上門，「咣噹」一聲，支了個登登緊。

老虎張著血盆大口，氣喘吁吁地奔回門口，急得不得了，忙叫：「你賴了，你賴了！你輸了就該讓我吃，要不你把支棍兒放下來……」

孩子聽了老虎的叫囂，慢條斯理地說：「還是支會兒吧。」

虎說：「你放下支棍兒，我不吃你還不行嗎？」

孩子說：「支會兒吧。」

老虎在門外苦苦哀求，變著花樣求孩子開門，可孩子就是一句話：「支會兒吧……」

孩子怕老虎逃掉了，於是就從爺爺的煙笸籮裡抓出一把煙末，捲成紙煙點上了，說：「虎啊，我犯煙癮了，等抽完這袋煙，我放下支棍兒，咱倆再合計。」

「中啊。」虎答應了，一勁兒地打噴嚏說：「這蛤蟆煙兒真辣呀……」虎以為對方還在呢，其實孩子把煙放在地上，早從後窗戶跳出去找爺爺了。

不一會兒，爺爺回來了，老虎當時就挨了頓胖揍斷了氣，爺倆高高興興地吃了好幾天虎肉。

從那以後，爺爺一提起這事，孩子就說：「爺爺別誇我了，這是『支棍兒』的作用！」

「支棍兒——支會兒——」這個故事講常了，這個詞用多了，於是逐漸地就變成了「智慧」這個音了，於是就有了「智慧」二字了。

智慧啊智慧，你是怎麼產生的呢？

原來你是人在同無情的大自然和凶狠的猛獸進行鬥爭中鍛鍊出來的。

一則故事，講述得多麼輕鬆自如，可是它的深刻性在於道出了人類從無知到有知的重要的生存過程……

大約在三百萬年前，地球上出現了氣候寒冷的時代，整個歐、亞、美洲北部到處覆蓋著厚厚的冰川，人類的第四紀冰期出現了。在與嚴寒的抗衡中，部分古猿類動物開始南遷。遷徙和生存是人類重要的過渡時期，他們邊行走邊與野獸搏鬥，這使人學會了站立起來去生存。人類站立的狩獵階段，促使他們去製造較為複雜的工具，而創造工具對人類大腦的發育和身體的成熟起到了重要的作用。

原始人從四肢爬行到直立起來就確定了人的概念。直立人的化石最早是一八九〇年在印度尼西亞的爪哇發現的。直立人生活於距今大約二十萬年至二百萬年以前的時代，狩獵是人類適應環境的一種重要手段，人類通過狩獵以解決自己的衣食問題。這時人以狩獵維持生存，開始製造簡單的狩獵工具，工具的發明和創造對人的大腦的開發和健全，對原始人的身體和行為都產生了重大的影響。狩獵得到的肉食改變了大腦的結構，不僅使大腦體積增大，而且使大腦的結構也變得複雜起來。

狩獵使人對山川、地理、動物、植物的氣溫、特點、特性等等情況有了進一步瞭解和掌握，從而從根本上促進了人的進化。從行為上來說，人類的狩獵是依賴技術的（武器和肢解的工具），因為在狩獵和採集活動中，人與人需要交往，需要合作，於是有了分工和組合。

人有了分工和組合，在對食物和獵物的共享和分配之中，產生了長期和短期的計劃，於是一種自身約束的重要文化產生了，多種營養和複雜的活動越來越促進大腦明顯地增大，這樣人類產生了語言。

語言來自於勞動，這種勞動主要是狩獵活動，這在諸多的狩獵資料中已得到了證實。從人們在狩獵中的互相聯繫、召喚對方、恐嚇野獸，到人們通過野獸的叫聲去分析野獸的聲音符號，說明人類在產生語言之前已經付出了巨大的

努力。當人們知道自己可以模仿動物的聲音，並把動物吸引來或把動物恐嚇走之後，人類掌握語言的本領已經產生了。

狩獵活動逼迫原始人迅速去創造語言、掌握語言和使用語言，帶之而來的就是文字的產生。文字的前期是符號。在諸多原始人居住的洞穴中，除了一些頭蓋骨、肢骨和簡單的狩獵工具之外，有許多刻在壁上和石上的符號，有些就是動物的畫圖，而這就是最原始的文字。當符號、色彩、音階進一步深化出現時，人類的大腦已經發育到了相當成熟的階段。

狩獵使人類的生活發生了明顯的變化，於是更有效的狩獵活動相繼產生了，那就是人類開始擴大自己的地理範圍和生態範圍，並逐漸地改變居住密度，人類進入了在全球的每一個地方狩獵生存的時期。

亞洲直立人的化石主要發現於東南亞的印度尼西亞和中國的雲南、陝西、北京、安徽等處。

直立人最早是在印度尼西亞發現的，那時，荷蘭的青年醫生杜布畦受德國和英國進化論思想的影響，一心想尋找人類的遠祖，當時的印尼是荷蘭的殖民地，地處熱帶，盛產猿類中的長臂猿和猩猩。杜布畦在十九世紀八〇年代末出發來到這裡，他曾經僱用五十個犯人，沿著爪哇的梭羅河岸尋找，經過幾年的努力，終於在一八九〇年於東爪哇的凱登布魯伯斯發現了一塊下頜骨，隨後又有大的發現，於是他在一八九四年發表文章，認為直立人是現代人的祖先。

接下來是北京周口店猿人化石的發現。直立人生存的時期，氣候是較溫暖的，也有溫暖和寒冷的變遷和交替，北京猿人生活時期的周口店地區的氣候，屬間冰期氣候，和今華北的氣候沒有多大差別。溫帶氣候每年都有寒冷的冬天，因而在洞穴中居住和外出狩獵都要使用火，火的誕生又反過來幫助了狩獵，這就促使人開始全面地較為完整地去認識自己和自然了。

人類最初的生存經歷就是人類的狩獵經歷，是人與殘酷的大自然、與種種凶猛的野獸進行殊死搏鬥的經歷，人類最為燦爛的文化之一應該也必然是狩獵文化。

▍狩獵行組織機構

自古以來狩獵就有多種方式，人員的組織情況也不盡相同，但主要的也就是兩種——

一是單人外出，民間稱「遛獵」。遛獵往往在家或村屯的附近，早出晚歸，打些小野獸，不遠行。有「遛獵」的個人遠行者往往要多帶獵狗，這樣才能保證自己的安全。

再一種情況就是多人圍獵，大多是十到二十幾人，到深山老林中去行獵，一走就得半個多月時間，主要打的是一些大野獸。這樣的機構往往要具備以下一些人物。

一、老爺子

老爺子，往往指有多年狩獵經驗的老獵手，此人雖年歲已高，但還是威震四方，把他請來參加狩獵隊伍，往往起到主心骨的作用。

當一夥狩獵人準備好了，天也開始落雪了，這時大夥往往關心誰是這次出獵的老爺子。

這時把頭們經過研究，決定請一位「高手」出山。

在從前黑龍江的伊春林區，有一年，林業隊中的狩獵隊已組織好了，就缺一位像樣的老爺子。這時有人建議：「請董炮出山吧！」

提起董炮，大夥又都擔心。

那年，董炮已快九十歲了，人老了，背也駝了，而且，還瞎了一隻眼睛。可是不請他，又沒別人，於是把頭決定去請董炮。可是一些人心裡不願意。老人也看出了這些人的心思，啥也沒說，就跟著上山了。

到了山上，他們打一隻蹲倉子的老熊。

由於這個隊是新組建的年輕隊，把頭和炮手都沉不住氣，當叫倉子（一種

狩獵的方式，把藏在樹洞中的熊引出來）的一跑，熊追來了，而這時炮頭的槍反而不響了。

大夥嚇得一個個發呆了。眼看著叫倉子的要被熊撲住了，只見老爺子董炮，不慌不忙地叫了一聲，那熊立刻奔他而來。到了老爺子跟前，也不見老爺子有反應，就在大夥嚇傻了時，就見老爺子順腿下麻利地抽出一把尖刀，和熊面對面地站著，一下子刺進熊的白毛心口處，熊哼了一聲，倒了。

老爺子董炮說：「年輕人哪！你們毛什麼？」

大夥嚇得誰也不說話。

老爺子把刀從熊的心口裡慢慢拔出來，一邊在熊毛上擦著血，一邊不慌不忙地說：「在外打獵，多咱都不能慌。快！抬熊吧！」

在老爺子的指點下，這一冬天，這個打獵隊滿載而歸，在年三十的晚會上，小夥子們後悔當初看不上老爺子，於是一個個地給老人敬酒。

老爺子往往是狩獵隊的主心骨，有了這樣的人，就是不上場，也給大家壯膽。

二、把　頭

把頭，是狩獵隊中的二號人物。

大的狩獵組織都是長期在外活動，往往是由一些要好的朋友或自個兒的親戚組成，這樣便於活動。把頭要推選在朋友或親友中有威信、有能力的人來擔任。

把頭沒有什麼特權，但組織中的一切活動要由他來安排。他平時幹得多、幹得緊，但分配卻和別人一樣。有時大家看他太累了，分配時可能多給他一些獵物，這叫辛苦物，別人沒意見。

但最主要的一點是把頭要有良心和好人品。

因為狩獵時誰幹什麼，全由把頭分配，他往往在發現野獸的現場，分派某某去「趕仗」「叫倉子」等；誰跑得快、誰靈敏、誰槍法好、誰擅使刀子，他

都要心裡有數，並能秉公分派。這樣的人心眼如不正，就隨時可以要人的命。因在山上他說了算，如果他讓沒有這方面能耐的人去幹這種活計，往往就會造成損傷，甚至要了人的命。

有個下套子的故事，講的就是一個貪心的狩獵把頭遇上「事」的故事。那是從前，樺甸的頭道岔有個金礦，周圍全是原始林子，有個老頭，淘金歇氣就弄山牲口，套野豬，打熊瞎子。他有四個兒子，一個叫連金，一個叫連銀，一個叫連財，一個叫連福，也常常跟爹上山打獵。

這一年秋天，這一帶黑瞎子挺多。有一個地方叫「兩垧九」，山坡上長著一片狗棗子樹。秋霜一下，狗棗子又面又甜，黑瞎子很愛吃這種東西。

一天，老頭手拎把斧子上山遛套子去了，到那一看，套子讓黑瞎子鑽了，他按著蹤一碼，黑瞎子是奔「兩垧九」去的，他也急忙跟了上去。遠遠地，他一眼就看見一個黑乎乎的傢伙，這才大呢，足足有半大老牛那麼大，站起來有兩人多高，套在頭上的棍子足有小盆那麼粗，它拖著走嫌擋礙，乾脆夾在胳肢窩下，就像小孩夾個小竹竿。

「兩垧九」林子中間有棵巨大的狗棗子樹，這黑瞎子拎著套子扛著棒子上去了，一邊吃狗棗子一邊涼快著。它可真會享受！吃飽了，就呼呼地睡上了。

老頭一看，眉頭一皺計上心來，他順山坡上操起一大塊石頭，照那棵狗棗子樹上就扔了過去。「撲通」一聲，那黑傢伙醒了，它知道有情況，急忙下樹。

黑瞎子下樹不是直下，它是圍著樹一圈圈地往下轉。這傢伙脖子上套著套子，手裡還拎著個棒子，一下子就卡在樹丫上，身子吊了起來，在空中打起晃晃來。

這老頭一看，黑瞎子坐了殿，他扭身就往回跑，想回去找槍，不然自己弄，萬一有個閃失，老命就玩完了。村裡只有孫麻子和趙九這兩戶有槍，可是，管人家借槍，就得和人家分肉（山裡的規矩，見面分一半；知道信，分一份），不合算，乾脆自個砍吧！想到這，他又返回「兩垧九」，一看，那傢伙

還在樹上悠蕩呢。

老頭手操起斧子就上了樹。他照準黑瞎子頭砍去，一砍，黑瞎子齜牙咧嘴直蹬腿，就是不死。這時，他心裡可急了，舉起斧子狠勁又一砍，沒想到，心急手亂，一下子砍在套子上，黑瞎子「撲通」從樹上掉下來，他身子一歪，也甩了下來。

迷迷糊糊地睜眼一看，天哪，他的腦袋正對著黑瞎子的血盆大口，只聽，「咔嚓」一聲，他就覺得腦袋好像掉下來了，他使足勁兒一斧子照黑影砍去，回頭撒腿就拚命往家跑。進了院子，他上氣不接下氣喊：「開——門——！」

兒子問：「爹！你咋的了？」

「黑瞎子撐我——！」

兒子到門口一看，沒有哇。

再一看老爹，半拉臉血葫蘆似的，肉和骨頭都耷拉下來，忙把爹抬進屋裡。

兒子們按照老爹說的地方，到了「兩坰九」一看，黑瞎子早死過去了，哥幾個就把這個大山牲口抬回來了。進了屋一看，老爹已不行了。哥幾個想套車往城裡先生那送，老爹說：「別費心了！我不行了。」

兒子們哭成了淚人，說：「爹！你還有啥要說的嗎？」

老漢斷斷續續地告訴兒子們說：「記住爹的教訓吧，為人到多咱也別盡留個人的心眼！我要不是怕把一份肉分給別人，能不找孫麻子他們借槍嗎？」後來，這件事在頭道岔一帶傳得很廣，它教育獵手們一定要團結合作對付山牲口，絕不能當了把頭分心眼，結果貪心出大事。

三、炮　手

炮手，就是狩獵幫中的槍手。每一個狩獵幫裡都要有一些出色的炮手，他們會打各種槍，會使各種傢伙，而且可以從各種方位開槍，擊倒野獸。

炮手是選拔出來的。

從前，山裡的炮手往往遠近聞名，有時被大戶人家高價雇去護院、護砲臺，到了狩獵季節，他們又被獵幫們找來，一起組成一個狩獵伙子，開進山裡去圍獵。

　　炮手各有各的技能。

　　譬如打「蹲倉子」熊，這樣的炮手要穩、准、狠，等熊爬出樹洞身子露出一多半時，獵手要立刻開槍擊中它，不能早、不能晚，不能快、不能慢。

　　譬如打趕趟子野獸，一定要注意力集中，別傷了從趟子裡走出的人。眼要准，不能迎風流淚，不能花。

　　譬如打「糾纏槍」（就是當獵狗和獵物糾纏在一起時），一定要掌握好術語或暗號，當你趕到跟前時，一發出信號，獵狗往往迅速閃開，炮手要立刻開槍，掌握好火候，還要一槍定音，不留後患。

　　總之，炮手在獵場上打什麼圍、打什麼方位，要靠把頭來分派，不能有情緒，不能說怪話，要一心一意、齊心合力地對付野獸。

　　而且炮手還要有自己的絕活，就是絕技，不到萬不得已，他一般是不用的。據民俗學家張平先生介紹，長白山裡有個著名的炮手叫王大膽，他從小跟一位會武功的老道練功習武，舞刀弄棍，不到二十歲就練就一身好武藝，手中那口削鐵如泥的柳葉刀，舞起來呼呼風響，刀光閃閃，水潑不入；論箭法，那真是弓開滿月，百步穿楊，在樹杈上插上一炷香，他站在百步之外，左手掌弓，右手搭箭，憋住氣兒，「颼」地一箭射出，就把香火射滅了。

　　有一年，王大膽帶領獵手們來到長白山，他們在長白山南坡七道溝壓下倉子，天天下套子，張圍網，撐黃皮子、撐貂、套狐狸、窖鹿、捉麅子，巴望著多捉些山獸，多賣幾個錢，好拉扯全家老少餬口度日。一天，王大膽帶領幾個獵手在倉子裡做獸夾子，炮手李四哥領著五個獵手進了山。傍晚時分就見獵手小王跟頭把式地跑回來，滿臉是血，氣喘吁吁，一頭栽到倉子裡就不省人事了，當他甦醒過來之後，就對大家說起事情的經過。

　　原來他們六個獵手在深山老林裡跟蹤，傍晌時來到了轉頭山。他們仔細往

山根兒一瞧，通紅通紅一片，原來是棒槌朵子，一苗挨一苗的，全是大山貨，連下腳的地方都沒有。大家可真高興，剛要下手起參，突然從山根下的黑洞裡鑽出一隻傻大黑粗的怪獸，張開血盆大口，噗的一聲噴出一股黑氣。炮手們被這黑氣熏得一暈眩，東倒西歪地跌倒在地，不省人事了。小王離這傢伙遠一些，才未被熏倒，他鑽進老林逃回來了。王大膽一聽，肺都氣炸了，氣呼呼地說：「哥們，咱們都是患難兄弟，應當有福同享，有罪同受，明天就是豁出老命也要把這隻怪獸幹掉！」

第二天早晨，王大膽帶領獵手們進了山。他上身穿一件鎧甲背心，腿上扎一副鎧甲摺疊式裹腿，背心和裹腿上全都是一排排半寸多長的鋼錐狼牙刺。不管啥樣凶狠怪獸，只要碰上了準得被扎得千孔冒血、皮開肉綻。他們來到轉頭山下。這塊兒全是冒天起的老林子，山根兒有一個大石洞，洞口黑乎乎的，望不到底。洞口附近，人骨獸骨橫七豎八地滿地都是。看來，這隻怪獸不知已經禍害了多少獵手，大夥見此情景，無不難過地流下了眼淚。王大膽氣憤地說：「弟兄們，不除掉這只害人蟲，就對不住長白山的父老鄉親們。我先去和它試巴一陣兒，你們躲在樹後，瞅準機會拉弓放箭，助我一臂之力。」說完，他們就朝無底洞走去。

王大膽剛剛走到洞口的一塊臥牛石旁邊，忽聽山洞裡傳來一陣驚天動地的吼叫聲，一霎時，怪獸就從洞裡鑽出來了。好傢伙，這隻怪獸虎頭蛇身，腰條有缸口那麼粗，腦門上還長了一個「王」字，碗口大的眼睛，好像兩盞明燈，閃動著幽幽的綠光；十多丈長蛟龍般的身子，長滿了碟子般大小的黑麟，實在嚇人，王大膽終年在深山裡打圍，經得多，見得廣，對這隻怪獸壓根兒沒放在眼裡。這時他厲聲喝道：「大膽的孽獸，昨天你禍害了俺五個弟兄，今天你休想逃走，看刀！」說時遲，那時快，只聽「颼」一聲響，揮刀朝怪獸劈去。怪獸「嗷」一聲怪叫，周圍的樹梢都在抖動。王大膽朝地下一瞅，怪獸的一隻耳朵被削下來了，有小簸箕那麼大。王大膽立刻驚出一身冷汗，心想，看樣子這怪獸來歷不淺，憑力氣難以取勝，得另想招法。這時候怪獸被激怒了，疼痛難

忍，一躥好幾丈高，揚起利爪朝王大膽猛撲過來。王大膽「騰」地躥到一邊，躲閃過去，只聽「嘩——哧——」一聲響，怪獸的兩隻利爪，把一棵活鮮鮮的萬年松，從頭到根撕下一大條子樹皮！接著，怪獸掉過頭來，「嗚」一聲嗥叫，大口一張，「噗」的一聲，吐出一股黑氣，把洞前罩得烏黑烏黑的。王大膽常年打獵，知道這是怪獸在噴吐瘴氣來害人，他趕忙從藥囊裡掏出一粒「避瘴丸」吞入腹內。

怪獸一計不成又施一計，嗚嗚吹起一陣狂風，刮得沙飛石走，草動樹搖，妄想把王大膽刮入空中，摔進山澗。王大膽毫不示弱，折了幾個跟頭，騰地一下躥到一棵大樹下，雙手摟住大樹，來個紋絲不動。

這兩招都落了空，怪獸更加憤怒了。它瞪大兩眼，咆哮一聲，又朝王大膽撲來。王大膽舉起鋼刀，快似閃電，朝怪獸前爪「唰」又砍一下。怪獸緊縮前爪，一躍而起，揚起脖子又向他撲來。王大膽越戰越勇，舞動手中鋼刀，左砍右劈閃騰跳躍，圍著怪獸直打轉。這下可把怪獸氣瘋了。它猛一回頭，來了一個「泰山壓頂」。王大膽見躲閃不及，急中生智，騰地一個跟頭，鑽進怪獸的肚皮裡，打起了滾來。這下可真叫勁兒了，鎧甲和裹腿上的狼牙刺，像千萬把鋼錐尖刀，把怪獸的腸子割了個稀巴爛。接著，王大膽雙手按住鋼刀，從怪獸肚皮一直豁到尾巴根兒，來了一個大開膛，怪獸的五臟六腑淌了一大堆，立刻就完了。王大膽趁勢從怪獸肚皮中鑽將出來。

這時，躲在樹後的獵手們一擁而上，齊搭伙把怪獸拖到江邊，抬到木排花棚裡，運到海南（丹東市）福聚成山貨莊。山貨莊老闆打眼兒一看，張口就給了一萬五千兩銀子。賣了怪獸，獵手們問老闆，這是啥怪物？老闆說：「這隻怪獸屬於龍種，叫『狴犴』。這種怪獸道行深，活一年身上長一顆碟子大小的麟片。你們數數它身上的麟片，足有四百多顆。長白山的狴犴，常年藏在密林山洞裡，飽嘗了百年雨露，啯足了人參寶漿，吸夠了日精月華，因此它的用項非常大，狴犴的骨頭，比虎骨、鹿茸、靈芝草都值錢。」老闆說到這兒，找來一個大盤子，拿起一把牛耳尖刀，「颼颼」幾下，把狴犴兩顆碗大的眼珠子剜

出來，放入盤中。就見那兩顆眼珠立時把室內院外照得錚明瓦亮。老闆說，這是兩顆夜明珠，是無價之寶。

王大膽和弟兄們帶著銀子趕回家，買了幾口好棺材，把幾個遇害的炮手安葬了，又使一部分銀子，買了火槍，置了圍具。打那以後，他們進山打圍，再也不受怪獸的欺負了。足見一個好的炮手，必須要有絕技。

四、趕仗員

趕仗員，是指打圍獵時專門在山場子上轟趕野獸的獵人。

在打圍時，老爺子一旦發現了兩山中間的樹林子或草叢之中有野獸時，就開始研究部署如何對付野獸，往往是先安排好炮手到某某方位上去埋伏好，然後就開始派趕仗員了。

趕仗員要親自到林子或草叢中去轟趕野獸，他一是要膽子大，二是要頭腦靈活。

所說的膽子大，是指他孤身一人（有時是兩個人或幾個人，但在老林裡也是孤單的）面對凶惡的野獸，往往什麼事都可能出現，所以必須處事不驚。

比如還沒到預定的地點，一腳就踩在蛇身上，或為別的野獸所傷，都不能退陣或返回，要堅持把「仗」趕下來。

另外，趕仗員有時會遇上意想不到的事情，比如明明是往前邊方向趕野獸，可野獸突然變了卦，掉過頭往回跑。這對趕仗員威脅很大。因為它可能直接傷害自己，再說，那邊等著射擊的炮手還派不上用場，這時行話叫「鬧仗堂」。這真是做賊遇上打槓子的了。這時，趕仗員要沉著冷靜，要分析野獸為什麼回頭。

如果是前方炮手讓野獸發現了，這是最難辦的事，但一般情況下不會出現這樣的情況。如果是野獸在驚慌的奔跑中偶爾被什麼驚嚇一下，這時趕仗員要掏出火炮，「咕咚」地放一下，或手持銅鑼拚命敲打，這叫「叫景」，使野獸一聽這邊也有人，於是反過頭又往前跑了。

趕仗員的任務就是一定要把野獸趕到炮手們早已埋伏好的位置上，然後自己迅速地撤到安全地帶。因為當炮手的槍響後，有些野獸往往受傷沒死，這時會更瘋狂地向人襲擊，所以趕仗員還要善於奔跑和躲避。

五、趟　子

遛趟子，是狩獵幫中的小半拉子，他往往幹些邊邊拉拉的活計，往往是第一次上山的「初把」，讓老上山的帶一帶，專門去遛趟子。

所說的遛趟子，是在這一夥獵人的山場子裡活動，趟子，是他們的獵場，裡邊早已下好了地槍、套子什麼的，在什麼位置上、什麼時候去尋查，這都是遛趟子人的任務。

一般的套趟子，要每隔一宿遛一次，如果錯過了時間，套上的小動物往往會被大動物吃掉了；有時去晚了，上套的大動物還可能跑掉。

遛趟子往往半天就得遛一次。因為這種趟子很靈敏，隨時容易出事，要時時觀察、處理。

遛趟子的人幾乎整天背槍在林子裡走來走去，從這個趟子到那個趟子。所以他要勤奮、機靈、勇敢、膽大、公正，不能私留小份子，就是在別人趟子上發現了獵物，自己也不能留下，攫為己有，這是不好的人品，也是獵人最反感的行為。

從前，有這麼兩個打獵的，一個叫邵老大，一個叫李老二。

一天，邵老大要去辦點兒事，就對李老二說：「老李二哥，你幫我遛遛趟子！」李老二就答應了。來到林子裡一看，邵老大的套子上真就套著一隻狐狸，他上去踢了幾腳，那狐狸一動也不動。又走了幾步，就見邵老大的另一個套子上有一隻狐狸拉著套子跑了。李老二拚命追，到了林子裡，棒子卡在樹木上，把那狐狸的脖子都勒得露骨頭了。他一腳踩住，想弄個棍，挑著走。他剛回身，只見原來那隻狐狸跳起來就跑了。

看看晌午歪了，李老二越想越窩囊，就下山回家了。進了家，他飯也沒吃

就躺下了。

屋裡的問咋回事，李老二就把事情的經過原原本本地學了一遍，又加了一句：「明明是兩隻狐狸，給人背回一隻，跟誰說誰能信？」屋裡的出主意說：「你快去和老邵大姐說說！讓老邵姐夫快回來吧！」李老二來到邵老大家，一說，人家老邵大姐挺高興，好在還打著一隻。

從邵老大家出來，正碰上幾個獵手從山上下來，大夥一嘮，那幫人說，是看見一隻帶套子的狐狸，往山頂跑去了。李老二一聽，心想，這正是邵大哥的，我幫他去攆，磨身就上了山。

說來故事真是無巧不成書，攆著攆著，他發現自己下的套子上套住一隻狐狸。他想先把自己的狐狸送去，再來攆那隻帶套子的。誰知他扛著這狐狸剛走下山坡，就見趕集回來的邵老大扛著槍和兒子上來了。

見了面，邵老大問：「你套一隻？」

李老二說：「套一隻。你那隻……」

邵老大頭一扭，說：「吃紅肉，拉白屎，啥也別說了！」說完，拉著兒子就走。

「邵大哥！大哥！」李老二連喊數聲，邵老大頭也不回地走了。

李老二心裡這個難受勁兒，就別提了。進了屯，他想也沒想，直接把自己的狐狸扛進邵家去了，進了屋說：「老邵大姐，這是老邵大哥套的，攆上了。」然後走回家，心裡倒覺得踏實了。

再說邵老大爺倆上了山，又碰上早上那伙遇見李老二的獵人，他們告訴李老二幫攆的那狐狸在哪個方向。爺倆趕上去，真就把那隻帶套子的狐狸抓住了。下了山，進了家，邵老大說：「李老二說得也對，咱這隻狐狸是帶套子跑了。」屋裡的說：「你是不是　脾氣又上來說了不中聽的話？你看！人家李老二又給你送來一隻……」邵老大一聽，傻眼了。

晚上，他躺在炕上，心裡這個折騰啊！自己讓人給遛趟子，還賴人家，信不實人家，多沒德行！越想越不是滋味，他撲棱一下起來，穿上衣裳，扛起一

隻狐狸就奔李家去了。再說李老二，他空手回到家，把他打的那隻狐狸送給邵家的事對屋裡的學了一遍。屋裡的也開通，說：「我說當家的，你做得對。為人處事，多咱別虧待了別人，寧可咱自個吃虧……」

兩口子正說著，只聽院子裡「啪啪」響，李老二推門一看，只見邵老大跪在李老二的院子裡，正打自己嘴巴。一見李老二出來了，說：「他李老弟！你打我吧！打我這個小心眼的！我不該信不實你。」李老二兩口子一看，急忙上前扶起邵老大，三個人都感動得眼淚巴嚓的。從這，邵老大和李老二兩個人好得像一個人似的，南北二屯、左鄰右舍都誇李老二這個人的心眼好。後來，大夥還給他們編了個順口溜說：

> 兩隻狐狸試人心，
> 財寶面前好歹分。
> 莫學邵大多猜疑，
> 要做李二寬宏人。

六、看窩棚

出圍的獵伙子，往往在外邊待上一兩個月，每天他們在一個固定的地方出發，再把打到的獵物放在一個地方，留下一個人連看家做飯帶收拾獵物，這叫看窩棚。

看窩棚的人往往是年歲大一些，懂得山裡的各種規矩，而且頭腦靈活、勤快，又能隨時處理各種意想不到的事情。

另外，當眾人走了後，看窩棚的一個人留在屋裡，膽子也要大，深山老林裡，什麼事都會發生的。

據吳強稼先生蒐集的一個關於看窩棚人的故事說，有個叫杜長順的小夥子跟著把頭張云福上山圍獵，把頭讓他看窩棚，一連三天，獵圍子們走得遠，沒

回來，他一個人宿在窩棚裡。

這天晚上，他裝上煙袋剛要抽，突然聽見窗戶外邊有個甕聲甕氣的聲音在喊他的小名：「小順子，小順子……」他一激靈爬起來，對著窗戶問：「誰呀？」外面沒人回答，只聽林濤呼呼地吼叫聲，一股股冷風把破窗戶紙刮得嘩嘩直響。杜長順走過去，從破窗戶眼往外一瞧，黑乎乎的像鍋底，啥也看不清。他磨過身，嘟囔著：「真怪呀，哪有人呢！」

他又重新裝上一袋煙，剛要擦火，就聽外面的聲音又說：「老弟……我趕路……走得累了，真想抽口煙哪，解……解解乏。」那聲音好像是個半語子，舌頭不會打彎。

杜長順急忙問：「你是誰呀？快進屋暖和暖和吧！」外面呼哧呼哧喘著粗氣，又像說：「老弟，我……急著趕路，就不進屋了，你把……把煙袋從……窗戶眼遞……遞出來，我……抽兩口煙，就……就走！」

杜長順聽他說得挺急促，好像有什麼要緊的事，馬上說：「你等著，我把煙袋遞出去！」說著，他把剛才新裝上的那袋煙，擦火點著，又扯著前衣襟把黃銅煙嘴擦了擦，從窗戶眼兒就伸了出去。只見煙袋鍋一撅，「咯噔」一下，外面叼住了煙袋嘴。「刺啦」一聲，煙袋鍋裡通紅通紅亮了一會兒，就暗了，變成了煙灰。杜長順看著煙袋鍋發呆了，心裡琢磨：我這煙是有名的關東煙蛤蟆頭，沖得邪乎，就我這樣能抽沖煙的也得抽上十多口，他怎麼能一口就抽了呢？

「老弟，你的煙……真好抽，再給我裝……裝一袋！」外面那聲音似乎又說起來。

杜長順趕忙又裝了一袋，點著煙，從窗戶眼兒伸了出去。「刺啦」又一聲，滿滿的一袋煙又變成了煙灰。杜長順看到這情景，心裡犯了嘀咕：「從前，聽老輩人說，長白山裡有一個山神爺，經常下山跟人要煙抽，這能是？……」想到這兒，他覺得頭皮發麻，後脊背發涼。

「哈哈……哦……哈哈」，外面一陣狂笑。這笑，把杜長順嚇得渾身篩糠

一般，手也哆嗦起來。「老弟，再⋯⋯再來一袋！」外面彷彿又嚷上了。

　　杜長順定了定神兒，一回手，取下掛在牆上的老「土槍」，對外邊說：「你等著，我給你裝煙！」「好，好哇！」外面高興得一邊喘著粗氣，一邊答應著。杜長順急急忙忙地裝好火藥和炮子，還拿一個鐵蛋子裝進了槍筒。然後麻利地把槍筒從窗戶眼兒伸了出去大聲說：「你叼住哇！」「好啦！」外面甕聲甕氣地好像答應著。只聽「砰」的一聲，聲音很沉悶，外面應聲「撲通」一下，像推倒一口袋糧食，接著　裡啪啦響了一陣，就沒有動靜了。

　　杜長順膽突突地摸到外屋，在木頭垛中找了一個大松樹明子點著，來到窗戶底下一看，只見窗檯上有一攤血跡，地上半尺厚的雪被撲騰了一大片，一行似熊非熊的腳印往溝外躥去了，腳印旁還有哩哩啦啦的血跡。杜長順急忙回屋，操起了獵槍，裝好藥，碼著血印就撞過去了。

　　杜長順追到很遠的一處山坡上，只見地上躺著一個什麼獸呢？有牛犢子一般大，像貂不是貂，像熊不是熊，一身棕黑色的短毛絨嘟嘟、油汪汪的，脖梗子出了一個大窟窿，杜長順就把它拉回了窩棚。這天晚上大夥都回來了，急忙圍上來，有的說是耗子精，有的說是貂精⋯⋯七嘴八舌亂嚷嚷。張把頭捋著鬍子說：「聽我爺爺講過，早先，這長白山一共有兩隻『貂精』，通人情，說人話，都是幾百年的山寶了。可這能不能是呢？我也說不準。趕明個兒，下山到皮貨市場，定有識貨的。」大家聽張把頭說得在理，就不再爭講了，趕忙動手，把這怪物的皮剝下來，釘在牆上。

　　一晃，過了破五。太陽剛見紅，張把頭就招呼獵手們趕快裝爬犁，準備下山。大家紛紛把一年裡獵獲的獸皮從屋裡往外搗弄，張把頭說：「把小順子得的這張皮子，放在最下邊，別讓它丟了，來得可不容易呀！」不一會兒，四輛大狗爬犁車就裝得滿登登的。張把頭和杜長順坐在一輛爬犁上，一聲吆喝，四輛狗爬犁箭射的一樣，順著樹林子裡的雪地跑起來，朝船廠趕去。

　　到船廠這天，天上飄著鵝毛大雪。說來也怪，三輛狗爬犁都落滿了積雪，唯獨張把頭和杜長順坐的這輛，一片雪花也沒落。你看吧，當大雪落到離爬犁

一人來高時，就好像有氣給吹跑了。咦，真怪呀！獵手們又驚又喜又納悶兒。

爬犁趕到皮貨市場停下來，大夥準備到客店裡歇歇腳，打打尖。這時，從商行裡走出一群穿大氅的皮貨商，有漢人、滿人、蒙古人、色目人，還有俄國人。他們在爬犁周圍轉了一圈兒，然後目光都集中在杜長順這輛爬犁上。一個嘴裡叼著雪茄煙卷的黃鬍子俄國人，藍眼珠一轉，操著生硬的漢話說：「爬犁上的，什麼貨？」杜長順厭惡地信口說：「什麼貨，山貨！」「你的，把皮貨通通卸下來！」黃鬍子翻了翻爬犁上的皮子。一個漢人翻譯湊過來說：「他讓你們把這個爬犁上的皮子都卸下來，他想買，這可是個好機會呀！俄國人手裡的錢老鼻子啦！」「誰希罕他的臭錢！我們還餓著肚子，得吃飯去！」杜長順把鞭子插在爬犁上，抬腿就往客棧裡走。

一個漢族皮貨商急忙攔住了杜長順，說：「您先把這皮貨卸下來，我們看看。一會兒吃飯，我請客，我請客！」張把頭看商人們都誠心誠意要看皮貨，就叫住杜長順說：「卸車吧！等會兒再吃飯。」獵手們幫著杜長順把虎皮、豹皮、熊皮一張一張地往下扔，最後露出那張怪物皮。

黃鬍子一見，伸手搶過去，連聲說：「哈拉少！哈拉少！」（好好！）他回頭對翻譯哇啦哇啦講了一通。翻譯說：「俄國人願意出大價錢買這張皮子。」

這時，漢族皮貨商也湊過來，抖開皮子看了看，倒吸了一口涼氣，眼珠盯住不動了，心裡想：這是稀世珍寶哇！我要買到手，獻給乾隆皇帝的親家、當朝軍機大臣和珅，定會陞官發財……想到這，他急忙說：「這皮子我買了！我買了！」說完，他趕忙跑進客棧，讓客棧主人準備酒席。

黃鬍子拿著怪物皮，追問杜長順：「你要多少錢？」

杜長順心裡想，這張皮子能值多少錢呢？這個價錢也真不好定。他一把從俄國人手中奪回皮子，和張把頭向客棧走去。

漢族皮貨商從客棧裡迎出來，說：「各位請吧，酒席已擺好啦！」張把頭說：「我們喜歡吃大煎餅、老豆腐！」轉而又一想，恭敬不如從命，他是奔咱

皮子下荏子，先看看他識不識貨。於是說：「夥計們，入席吧！」獵手們呼呼啦啦把個圓飯桌圍個溜溜嚴。桌上山珍海味、雞鴨魚肉擺個溜滿。酒過三巡，菜過五味，張把頭問他：「那貨怎麼樣？」漢族皮貨商說道：「你們獵獲的這張皮子委實珍貴，不知要多少錢？」張把頭用筷子指指杜長順道：「小順子，你看要多少錢？」這下可難壞了杜長順，他站起來離席，在地上走來走去，愁得一拍巴掌，「唉」一聲。漢族皮貨商是個乖巧人，精通買賣經。忙說：「要十萬兩銀子？」杜長順一聽，嚇了一跳，一屁股坐在椅子上，伸直了兩腿。「啊？要十萬八千兩？」皮貨商又喊起來，「好，好，咱們就一言為定！一言為定！」

這時，黃鬍子領著翻譯走了進來，聽說要十萬八千兩白銀，他瞪起藍眼珠，說：「我的，二十萬兩白銀的給！」說著，從大氅兜裡拿出一張畫，上面畫著一隻野獸，正和杜長順捕獲的怪物一個模樣。黃鬍子說：「畫上的是熊貂，亞歷山大皇帝的要。」他的話音剛落，漢族皮貨商也拿出一幅畫，上面也畫著熊貂，他說：「我們大清皇帝也要，這是國寶！」

張云福老漢聽到這，他想起來了，哎呀！老輩人說過，這熊貂是無價之寶呀！「你們都不用爭了，我們不賣了！」張老漢說：「既然是國寶，我們就分文不要，獻給朝廷！夥計們，明天進京獻寶！」黃鬍子和漢族皮貨商聽了這番話，都目瞪口呆。

後來，獵手們既沒進京，也沒獻寶，他們賣完了皮貨，換回了油鹽醬醋，帶上那張價值連城的稀世珍寶熊貂皮，趕著狗爬犁，又回到白雪茫茫的長白山深山老林裡狩獵去了。所以看窩棚的往往也能遇到奇事怪事。

狩獵工具

　　狩獵工具從原始時期的棍棒、石器、弓箭，逐漸發展到鋼槍階段，經歷了漫長的過程，而就是到今天，有許多種工具還在狩獵者或幫伙中使用著，因為這些工具有省時、簡便、容易使人掌握的特點。

　　下面就介紹狩獵者常用的幾種狩獵工具。

一、扎　槍

　　扎槍是北方獵人最常見的一種狩獵工具，赫哲語為「激達」。它既是一種古老的狩獵工具，又是當地人平時外出的護身武器，主要用於近距離的刺殺和防衛。

　　扎槍分扎槍頭和桿。

　　扎槍頭是用鐵打製而成的。兩面有鋒利的刃，是一種扁平菱形的工具。這種槍頭的打製往往是自家化鐵來製作，也有到集鎮上由鐵匠爐專門打製，鋒利無比。

　　槍頭可根據獵人的喜好長短不一，小的五寸長，長的一尺半。槍頭上有一鐵庫，要安上五六尺長的木柄。槍庫邊各有兩個扁孔，各穿上一根皮條，上面拴著二寸長的一塊橫短木，這樣往往能防止扎槍刺入獸體過長，又能防止猛獸前撲，或扎進樹裡拔不出來，反遭野獸傷害。

　　獵人是很聰明的，扎槍頭與桿柄的長短，都是憑他們長年摸索出的經驗，也是用血換來的教訓。

　　槍桿一般五六尺長，這樣使用起來得心應手。

　　關於扎槍尺寸，還有一個凄苦的血淚故事。傳說從前長白山區有個老獵手領著兒子過日子，誰知這一帶出了一隻老花臉狼，常常在過路口或樹下等著吃人，把當地的人畜吃了許多，爺倆決定除掉它。

這天，老爹囑咐兒子和他一起出去打狼，他們使的扎槍就是很長的槍頭，又尖又快，到了十字路口，爹說：「小子，你往東！我往西！不見不散！」

於是，爺倆就分手了。

分手後走了不遠，老爹就見一隻老狼坐在一棵大樹下，氣得老獵人操起扎槍就衝了上去。誰知那狼左躲右躲不離樹，老獵人就是刺不著。這時老獵人急了，看準了狼的心窩猛地刺去，那狼一躲，扎槍一下子扎進樹木中去，老獵人怎麼也拔不出槍頭。惡狼一看到時候了，於是上來咬死老獵人，將他啃成了白骨。

下晌，兒子不見爹，繼續走。

當他來到大樹下，一看老爹已成了一堆白骨，就跪在地上痛哭起來。哭後他再一看，明白了，原來是這種扎槍刃太長，扎進樹裡拔不出來，老爹才慘死在惡狼之口。

兒子回去後就對扎槍進行了改進，只留一尺二左右的鋒利扎頭，又用小橫木拴在槍耳兩側，這樣使起來便得心應手了。

半年以後他做好了扎槍，練好了武藝，又去找老狼算賬。那老狼果然還使前招，靠在樹上。小獵人使勁向它心窩刺去，又假裝扎進樹裡拔不出來。惡狼以為獵人又上了當，正準備撲上來時，兒子使勁兒一轉手，一紮槍扎進老狼的心口窩，扎死了老狼，為民除害，為爹報了仇。

早年，北方的獵人狩獵主要使用扎槍，即使有了火槍之後，他們也愛使用這種工具，因為對付近距離的野獸還是它好使。

二、弓　箭

這是早期的狩獵工具，也是非常古老的狩獵工具之一，主要用於遠距離的射擊。

而且，北方的諸多民族在很久的歷史生存過程中，就發明和使用了這種狩獵工具，早期的「箭」竟然是一種「木石」所制，但鋒利無比，這就是「楛矢

石砮」。

什麼是楛矢石砮呢？

在關東，還有一個古怪說法：

> 松花江，真奇怪，
> 石頭水上漂，木頭沉下來。

石頭水上漂，我們知道是火山灰，而木頭又怎麼能沉在水中呢？而這，又是千真萬確的。

據史料記載，遠在三千多年以前，周武王打敗了商朝，他命令周圍的各少數民族以自己的土產前來進貢，當時在長白山松花江中下游，烏蘇里江和黑龍江中下游的廣大地域中，居住著一個古老的民族，叫肅慎，也叫息慎和稷慎，是如今滿族的祖先，當時肅慎族和中原的王朝已建立了「納貢」的關係。《國語‧魯語下》載：

> 武王克商，肅慎氏貢楛矢石砮，其長尺有咫。

而這長一尺八寸的「楛矢石砮」是什麼呢？當時，周武王召集眾臣前來辨認，大家認出是古老的肅慎戰箭，但這箭桿和箭頭無比的堅硬，箭頭十分的鋒利，可製作的質料不是鐵、銅等金屬，又不是石頭，那這是什麼呢？在又一次肅慎族進貢人來到武王殿前時，武王問其何料，肅慎人答曰：「木頭。」

武王大吃一驚，不曉得肅慎的木頭何以如此堅硬。從此，周武王一提起肅慎，便想起這種獨特古怪的木頭，稱「楛矢石砮」，是肅慎獨有的東西。

而製成「楛矢石砮」的木頭不是別的東西，恰恰是松花江、黑龍江中漂蕩的「浪木」。

一些人認為，「浪木」的歷史不過百餘年，只有當松花湖大壩建成後，淹

沒了兩岸近三百華裡的山林，於是浸泡的樹根，變成了「浪木」。但是，據清人閻若璩在他的《古文尚書疏證》裡記載：

有從寧古塔來者，詢其風土，云東去一千里曰混同江，江邊有榆樹、松樹，枝既枯，墮入江，被波浪所激盪，不知幾何年，化為石，取以為箭鏃，榆樺為主，松次之。

在這裡，我們把關東人認識和發現、利用和宣傳「浪木」的歷史向前推了兩千多年。

浪木，是根雕的一種，又不同於根雕，雖同屬於大自然給予的藝術種類，而其質地卻十分堅硬，賽過鐵和石，滿族人稱「石砮」為「木石」（見富育光《薩滿教研究》遼寧大學出版社 1991 年版）。那麼「木」是如何形成石質的呢？這又是北方的冰雪寒冷所致，南方的「浪木」是不會達到石質化的。我們在今天的古文獻記載中可以看出，在從前那十分遙遠的歲月裡，當松花江、黑龍江兩岸的樹木被風吹折，被雪壓斷，倒入水中，江水成千上萬次地衝刷激盪，特別是一到冬日，北方的寒風整日吹刮，大江冰凍，斷木被厚厚的冰層擠壓，使木質纖維由柔軟到堅硬，淘汰掉軟弱的組織部分；春天，大江跑冰排，雷鳴般的冰層撞擊，老風抽乾了木中的水分，又把其拋上雪岸。冰雪消融，夏日暴陽烤曬，接著大雪覆蓋，春日雪水又把它衝入江中，於是又開始了對它的擠壓和沖盪。如此往復，周而復始，若幹個春夏秋冬，漸漸地，使這些樹木堅硬，並變得千奇百樣，這就是「浪木」藝術品。

把北方的浪木藝術品歸為冰雪文化是再恰當不過的了，因為這種北方獨有的「木石」，是寒風和冰雪千百年的刮凍和江水沖盪的結晶，是寒風和冰雪的夥伴，是北方冰雪寒江的兒子，江南溫暖的江水中漂著再多的「浪木」也只是「浪木」而已，終不能同關東「石質」的浪木相提並論。於是獵人喜歡用這種浪木做箭頭。

赫哲族獵人喜歡用抱碼子樹彎成單層，為弓。這種弓有彈力，射程遠。還有一種弓，叫「雙層弓」，就是外圍用松木，裡圍用樺木，中間夾上麅筋、鹿筋什麼的，再用細鱗魚皮熬的膠粘合在一起。於是，這類弓箭非常堅固，彈性強，在百米開外，殺傷力極強。

北方的獵人在沒發現使用鐵之前，除了如松花江流域獵人使用「楉矢石砮」來做箭頭外，還使用石頭來做箭頭，還有用鹿、熊的小腿骨做箭頭的，往往也是鋒利無比，能殺傷大的野獸，稱為「骨箭」。

三、坐　腳

這是一種專門用來捕熊的狩獵工具。

當然對付那些較龐大、行動緩慢的野獸都是十分有效的。

坐腳往往要同陷阱一塊使用，先挖好陷阱，在井底鋪上一塊三四尺見方的木板，在木板上每隔三寸就要釘一根釘子，不要釘死，釘一半就行，而且釘帽要朝上。這就是坐腳。

坐腳的釘帽朝上，是對付野獸腳掌的。

當熊或虎等腳掌肥大的野獸一掉進陷阱，它就會落在「坐腳」上，使野獸的腳肉陷進「坐腳」的縫縫裡，而且由於野獸重量大，它的腳骨都落進了「坐腳」的各個縫間，拔不起來，站不起來，只好等獵人來擒拿。

坐腳抓住的野獸往往是活的，所以北方的獵手很願意使用這種方法，特別是這個方法春夏秋冬一年四季均可使用，而且製作起來簡單方便，是獵人們常用的獵具。

如果換獵場時，就把「坐腳」從陷阱中取出，填好陷阱，背上「坐腳」出發。

四、伏　弩

伏弩，又稱地箭或暗槍。

這也是北方的獵手們經常使用的狩獵工具。

就是把硬弓安裝在一個約一米長、十釐米寬、七釐米厚的板條的一端，另一端安裝扳機，在板條的上部由前到後摳成槽，再用條板子蓋上，用硬木條子做成鐵尖的箭。這樣，伏弩就做好了。

伏弩常常是架在野獸經常走動的草或樹林間的路上，把地箭綁在樹幹或支架上，然後把弓拉開，弓弦掛在扳機上，另一頭拴在獸路的另一側，使這個機關線橫攔獸路。只要野獸從這裡經過，一碰動線，扳機就被拉動，於是箭就會立刻發出去命中野獸。

當然，在林子中行走的人一定要注意，別走到獵人們架設伏弩的路上，不然會是很危險的。

伏弩又分大伏弩和小伏弩。

大伏弩，一般是對付那些熊、虎、野豬等大野獸用的；而小伏弩一般是用來對付貂、水獺之類的小動物用的。從上面往地面上射，百發百中，效率很高。

這種獵具製作方便、成本低，是獵人們很喜歡使用的獵具；但需要注意的問題是一定要在安設伏弩的地方做上記號，使別的獵人和林中行走的採山菜、挖參、採蘑菇之類的人不至於誤入暗槍區，以免造成不必要的傷亡。

五、碪　板

這是北方狩獵者發明的一種專門捕獲貂和鼬之類動物的獵具。

製作碪板是這樣——

先取一塊長形或方形的木板，半尺或一尺，主要是根據動物洞口的大小來定，將木板切成一個橫的缺口，再取另一塊板，削成一頭薄、一頭厚、中間是一道橫線的缺口，然後用木條子做成銷栓，尖端刻有六分長、半分深的缺口，這時開始「蓋房子」了。

蓋房子，是指在碪板做好之後，要在碪板的後面設一個半尺長的小房（俗稱蓋房子），裡面放魚肉做餌，引誘貂或鼬入內。這時，碪板上壓一個大滾

木，底橫一枕木，專等動物出來。只要貂、鼬一出動，觸到了銷栓，「啪」的一聲，上面的大滾木便會迅速跌落下來，壓在野獸的脖子上，或壓在野獸的腰間。

這種工具往往是在發現了這些動物的洞口之後，開始下「碓板」。

六、累　刀

這種工具也是獵人常常使用的，而且是對付大型野獸的最佳工具。

製法是這樣，往往是將鋒利的刀子安插在事先制好的一個木槽裡，使刀刃朝上。那槽要寬，但從遠望去，槽顯得光滑平整，然後人去轟趕野獸。

當野獸受到驚嚇，立刻從裡面跑出，由於它光顧奔跑，注意力只在前方，加之速度極快，於是尖刀立刻劃破了它的肚皮，等野獸發現時已經死亡。

這種辦法往往是對付大野獸的，如野豬之類的獵物，非常有效。還可以用來對付大蟒蛇，把累刀槽下在大蛇的洞口，用土埋上，只露出微微一點刀刃。當陽光衝著洞口時，用活物（兔子什麼的）引誘它，蛇向外一撲，累刀便立刻豁開了它的肚皮。

七、漲　刀

漲刀，也是一種狩獵工具，它往往具有伸縮性，可以收縮或打開。

漲刀是累刀的一種，而且獵人們往往用其來捕獲蟒之類的大蛇。這是勇敢的獵人使用的一種狩獵工具。往往是把鋒利的刀刃安裝在一種特製的皮衣上，在肩頭、帽頂、屁股、雙腿外側、腳尖和腳跟之處，都要安制。而且，這種漲刀在人不動時，刀要縮，當人一動，刀便會自動彈出鋒尖，刺傷野獸。

這種刀主要是對付吞吃人的蟒蛇，以獵取大蟒蛇的眼珠（往往叫夜明珠），而且需要獵人鑽進動物的腹中，才能發揮作用。

這種獵人叫「漲刀獵手」。

漲刀獵手平時什麼也不打，他的任務就是成年累月地在山裡尋找「護參寶」，這護參寶就是大蛇。在從前的山裡，有大人參的地方就有大蛇，人稱護

參寶，它往往靠人參的靈氣滋補自己，延年益壽。往往是挖參的人發現了大蛇，於是又挖不了參，便去請「漲刀獵手」，專門對付這種蛇。

它一見獵人，往往一口將獵人吸進肚裡，獵人在它的腹中一漲刀，刺破蛇的腹肚，才能將其殺死。

據說早年間，在長白山老林裡有個炮手姓王，靠打獵過日子。

這一年，山下村子裡來了一條大蛇，常上村子裡吃雞蛋，大家見了，誰也不敢動它。這大蛇有數丈長，碗口那麼粗，黑乎乎的，兩隻眼比兩隻火油燈還亮，頭上兩個大冠子通紅通紅的，口一張就和小盆一樣大。

王炮手聽說這件事，決心下山為民除去這一害。他告訴村裡的人，家家都用木頭刻成和雞蛋一樣的圓球，放在雞窩裡。

這一天，天剛晌午，那大蛇又來了。它挨戶把雞窩裡的木頭雞蛋全吃完了，然後拖著笨重的身子往回爬。那大蛇每天吃完雞蛋一會兒就化了，這一回它吃完以後，覺得肚子裡非常難受，越爬身子越沉重。大蛇知道上當了，掉頭朝林子裡慢慢地爬去。躲在一邊的王炮手心裡想，我看你這禍害還有什麼本事。他提著槍悄悄地跟在大蛇後面。

那大蛇費了好大的力氣，爬到了一塊有四間房那麼大的石頭上。石頭上長滿了一些像草非草、像茶非茶的東西。那大蛇使出了全身勁兒，張著大口，一個勁兒地吃著那些叫不上名的東西。吃著吃著，就看著那大蛇肚子鼓起的大包漸漸小了。過了一會兒，肚子的包全消下去了。王炮手見了，心裡暗暗稱奇。這時他見大蛇圍著石頭轉了兩個圈兒，要爬走。他怕這畜生又去禍害人，便瞄準打了一槍。不料，這一槍沒打中要害，大蛇張著嘴，昂著頭四下搜索，一下看見了王炮手。大蛇張著嘴，噴著芯子朝王炮手撲了過來。王炮手也來不及換藥了，一個高蹦在石頭上和大蛇拼了起來。大蛇張著大嘴真想把王炮手一口吞進肚，王炮手把槍一扔，赤手和大蛇鬥起來。他一會跳在大蛇的頭上，一會又跳在大蛇的脊樑上。大蛇也一蹦一扭地想把他甩掉。大蛇受了傷，越撲棱勁兒越小了。王炮手也覺得有點兒累了。他一個高跳在大樹上，覺得身子被大蛇吸

得直往下墜。只要一鬆手，就會掉進大蛇的嘴裡去。他用勁兒把住了樹杈，可是，還是被吸進大蛇的肚子裡去了。進了蛇肚，他一使漲刀，割開了蛇脯。大蛇疼得在地上直滾，周圍的小樹都被抽打折了。它嘴裡往外吐血，不一會兒就不動了。王炮手從蛇肚子裡爬出來這才鬆了口氣，一屁股坐在大蛇的身上。

過了一袋煙的工夫，歇過乏來，他扒下了大蛇的皮，挖了大蛇的眼，便回到村裡，把經過告訴了鄉親。鄉親們聽說大蛇被打死了，高興極了，成群結隊地到山上來看，都稱讚王炮手為民除了一大害。後來人們把石頭上的草弄回來，誰若是肚子發脹，用它燒水喝，一會兒就好了。燒出的水顏色和茶葉色差不多。人們為了感謝王炮手，就叫那草為「石茶」，至今，人們還用它來治病，而他殺死大蛇的絕技就是漲刀。

八、閘

閘是一種很有趣的狩獵工具，往往用空筒樹或掏空的圓木把中間割開，形成兩個半圓的瓢形，一個中間鑿上眼，上面支閘柱，使銷栓直伸至前面，再用一個立木支撐住，閘便做成了。

野獸從洞子裡走出來，只要一觸動銷栓，上面的大木就會壓到野獸的腰上，使野獸俯首就擒。

使用閘狩獵又叫「下閘」，往往使這種獵具捕獲貉子、貂或兔子什麼的，這也是獵人們常用的一種狩獵工具。

九、套　子

套子，就是用繩子或曰索來狩獵的一種狩獵方式。往往是把魚弦、牛筋什麼的製成大小、粗細不一（視套什麼野獸而定）的套索，掛在野獸經常奔走的道上，野獸一過，套住脖子，野獸只好就地被擒。

套子又分「活套」和「死套」。

活套，是指套子不固定在樹上，這往往是對付大野獸，如老虎、熊、野豬什麼的，它們一旦被套上了，由於力氣大，如果使用死套，它可能將套子擰斷

逃跑。用活套，它帶著套上系的大棍子在林中跑不多遠。

死套，是指套子往往固定在樹上或石頭上，往往是獵一些小動物，如兔子、麅子什麼的，套上一撸，它們便會死了。

近年來，也有些獵人將鋼絲繩破成若乾股，用火燒過後，繩子就變軟，正好做成獵套，但這往往是對付大的野獸，而且也要拴在一根又粗又大的木頭上，野獸戴著一跑，往往被林中的樹木刮住，不是受傷，就是累死。

獵人下完套子，要經常察看，以便及時地處理套住的野獸。

由於套子是非常方便易用的獵具，就連山裡的孩子們也對此非常感興趣。

有人說，東山裡好混窮，弄點啥都值倆錢兒。從前長白山裡有個叫大陽岔的地方，過不下去的都到這兒弄個山牲口。一天，新搬來一家獵戶，大人都上山了，剩下兩個小孩子在家。倆小孩待悶了，說：「咱倆也去下套！」說著，一人拿著個套，一人拿著把斧，到山上砍吧砍吧就下上了。

倆小孩在山上轉悠了不大工夫回來了。媽問：「上哪去了？」「上山撒泡尿。」

第二天一早，倆小孩一人拿把小斧又走了。

那時候，大陽岔的山上什麼都不缺，野豬、豹子、老虎、黑瞎子，啥大山牲口都有。就在昨兒晚上，一隻花斑大老虎上了套，倆小孩一看，拍著小手說：「哎呀，誰家的小黃牛勒上了！」

「好像大黃狗！」

「狗也不太像！」

老虎見了孩子，戴著套子又蹦又跳，把林子裡的雪撲騰得冒煙起。

倆小孩說：「嚇人，走吧！走吧！」回去，他們就跟爹爹說了。老爹一聽，從嘴裡拔出煙袋說：「什麼？」倆小孩一口咬定：「不是狗就是牛！」爹迅速把煙袋別在腰上說：「走！」

爺仨拿著土炮上了山。到那一看，那傢伙已經折騰死了。爺仨把老虎拖回去賣了大價錢，從此過上了好日子。從那，山裡傳出兩句順口溜：

大陽岔，實在富，

小孩也能逮老虎；

不用槍來不用炮，

一根套子一把斧。

十、窟窿箭

這是一種捕獲鼬鼠一類小動物的獵具，往往在動物出動的洞口的四周釘上一個框，只留出洞口的位置，把箭的鋒利的頭對準洞口，在洞口的下方安裝上一個靈敏的銷栓，銷栓連接上了勁兒的發條，只要獵物一出動，稍微碰上一下銷栓，那箭便會藉助發條的彈力將箭射出，當即將獵物射死。

這種獵具往往是用板或竹子筒來做，攜帶方便，安裝簡便，是北方和南方的獵人經常喜歡使用的狩獵工具。

之所以稱「窟窿箭」，是指這種箭是架在獵具中間的槽裡，而射殺的又是從洞中外出的野獸而言。

十一、夾　子

夾子也是獵人喜歡的一種挺普通的獵具，有大小和單雙發條之分。把弓子盤在夾盤的上盤上，銷栓的銷子緊緊地連著上盤的機關，在銷子上放上獵物喜歡吃的食物，其餘部分用沙土埋好。

那食物往往是一隻大蘆花雞，當貉子、狐狸什麼的看到了，急忙奔過來，以為是沙土中有食物，一扒動，發條犯了，動物的脖子或腿立刻就被夾住。

也有的是把夾子下在動物經常出動的洞口，專門「守株待兔」，這要尋好獵蹤，當發現洞內有動物時再下夾子。

為了不使夾子被野獸帶走，還得用鐵絲將夾子連在樹上。

還有一種叫水夾子，是將夾子放在江邊水裡，距夾子六七寸遠的地方拴一條魚，當貉子、狐狸發現魚時，到水裡去吃魚，一下子便踩在夾子上，腿被夾

住了。

可是有的時候，獵人用夾子卻捕不到狡猾的獵物，一般是發現洞裡有獵物，下夾子時獵物發現了夾子，它往往餓死也不出來，或出來時巧妙地將夾子銷弦擋住。

十二、捕貂網

這是一種用麻線織成的圓筒網。

往往是野地裡的線麻，經過夏天的漚，然後扒下皮，打成的繩，粗細均勻，然後開織，網口直徑約五寸，長約五尺，用四個圓木將網撐起來，安放在動物的洞口，獵人用煙熏貂。貂一出洞，就會墜入網中。

貂一入網，往往亂竄，前咬後咬的，就會使網的末端收緊，它越動越緊，於是逃不掉了。

網有時也放在動物經常出沒的地方，裡邊放上一些魚、肉什麼的，作為誘餌，引誘貂入網，然後獵人衝上來將貂打倒，或拎起網將它摔死。這種狩獵方式的效果很好，容易捕獲，又不傷動物的皮毛。

十三、罩

罩，也是沿江和森林裡的獵人常用的一種獵具，用半粗不細的鐵絲或鋼筋組成一個四框，使之上尖下圓，然後在上面組編鐵絲，形成一個口一尺多寬、下寬圓上尖尖的「罩」。

罩是獵人用來扣一般跑在林間草叢中的小動物的，往往是懸掛在樹枝上，獵人將罩的銷弦扣在動物常走的道上，只要一碰銷弦，「啪」的一聲，罩會迅速落下，扣在動物身上。

罩還可以在江河邊上罩一些被稱為蝲蛄的小動物。一罩往往幾十斤，真是有趣。

由於罩的分量輕，又便於攜帶和製作，所以是獵人們喜歡使用的工具。

十四、獵　狗

當然，從古至今，獵人們最常使用的「工具」就是獵狗。沒有獵狗，獵人無法出獵，狗是獵人不可缺少的捕獵助手和忠誠的衛士，是活的狩獵工具。

一個獵人出獵最少帶兩到三條獵狗，最多時可帶上十條八條的，而且各種狗都有自己的作用。

獵犬嗅覺靈敏，能幫助獵人發現獸蹤，並跟蹤尋找、嗅洞、圍剿、盯跟、撲斗，十分有效地捕獲獵物。

北方的獵人對獵狗的感情很深，他們愛護獵犬，不打狗，不吃狗肉，不戴狗皮帽子，不睡或坐狗皮褥子，獵犬死後，獵人不吃它的肉，也不許別的動物吃，而且還要將它的屍體掩埋起來，修成狗墳，永久紀念。

狗的作用十分廣泛。比如北方的赫哲族家家養狗，而且還使狗拉著雪橇出獵和行走。

在清朝的一些歷史書籍中，將赫哲族地區稱「使犬部」和「狗國」，其原因大概就是因為赫哲族人有養狗的習俗。一般一戶飼養三四條，也有一戶養十幾條狗的，少數人家有養幾十條的。狗對赫哲族人來說十分重要，不僅是獵人上山狩獵時的忠誠助手，又是拉雪橇的優秀能手，故狗有「金不換」的雅稱。

狗拉的雪橇，赫哲語叫拖日科衣。這是一種冬季通訊、拉物的常用工具，其構造很簡單，是用兩根一寸五分粗、長約九尺的柞、榆、樺等硬質鮮木，兩頭砍薄，窩成中間平、兩頭上翹的弓形，前後各有兩根立柱，高約一尺半到二尺，寬一尺七八寸。雪橇的前後頭和中間共有四個橫掌連接起來，並在其上左右兩側順著雪橇用長木桿固定，使之成為一體，上面密密地鋪上柳條即可，載重量約五百斤，深雪也可暢行。拉雪橇的頭狗，是經過訓練的。每個雪橇可套二至九條狗，多的有十幾條狗。每天可走二百多里。頭狗聽從趕狗橇的人指揮，帶領眾狗前進。橇上裝有兩根鐵尖木柄的「拷力」，一旦狗狂奔不止時，用「拷力」交叉在冰雪地上可以剎住，阻止狗亂跑。

早年，赫哲地區的交通主要靠狗。元朝時在這些地區設置了許多狗站，成為傳遞與交通運輸的樞紐。史書《輟耕錄》中曾載：狗站，在高麗以北，即五國城。流放罪人到奴兒干必經此地。這個地方很冷，江河結冰，自九月封凍，到第二年四月才解凍，人在冰上行走，如同走在平地。征東行中書省每年委派官吏到奴兒干時，都坐狗站的雪橇，另外運糧拉物也用它。狗站的確切數字，根據傳遞任務的繁簡，每個時期都有不同。明朝，由於在黑龍江設立奴兒干都司，衛、所日益增加，明朝派往該地區撫諭的官兵往來頻繁，在元朝設有狗站的基礎上，重建四十五站，任命「提令」官員，管理「站丁」「站戶」，履行傳遞信息、送達差役的任務。這些狗站官員和站丁、站戶多數由當地赫哲族等先世擔任。夏天則用船為交通工具。這些平時多用來做交通工具的，狩獵時則帶它們遠出捕獵。

十五、鷹

　　鷹是北方獵人經常使用的最優良的狩獵工具，特別是在長白山、松花江流域的廣闊地域內，許多狩獵村落和獵幫，都有使鷹和馴鷹的經歷。據民俗學家王宏剛先生調查的資料記載，在遙遠的古代，滿族先民就會用馴養好的鷹，捕獲野物，俗稱「放鷹」。在他們的原始宗教裡，祭祀眾多的野神——動物神，而鷹神則被列為野神之首，可見對鷹的重視。

　　可馴養的鷹有多種，其中最名貴的叫海東青，這是一種體小矯健、能凌空撲天鵝的名鷹。海東青中純白的「玉爪」為上品，另有秋黃、波黃、三年龍等名目。女真人是捕海東青的行家，遼國皇帝常派銀牌天使到女真部落征索海東青，以供他們開「頭鵝宴」（頭鵝宴是以海東青空中捕獲的天鵝做的宴席，以敬祖祭神，十分隆重）之用。遼使為打通鷹路，屢屢侵擾女真，致使女真人積怨成怒，起兵反遼。滿族皇帝也酷愛放鷹，留下了許多頌鷹名作。康熙皇帝讚歎道：

羽蟲三百有六十，

神俊最屬海東青。

　　滿族人的鷹獵可分拉鷹、馴鷹、放鷹、送鷹幾個過程。

　　拉鷹，就是捕鷹。拉鷹前在山坡上的向陽處，用三塊板搭起一個「門」形支架，象徵著鷹神九層天上的金樓神堂。內放一塊山石，代表鷹神格格居住的神山。獵人插草為香，灑酒祭奠後，便可張網拉鷹。鷹網長約九尺，寬三尺。鷹網張開後，拴上一隻鴿子或家雞作為誘餌，獵人躲進用樹枝偽裝的「鷹窩棚」裡，靜候鷹的到來。有時要蹲上幾十天，稱為「蹲鷹」。鷹撲餌，落網被擒。獵人獲鷹後，要拜謝神鷹格格。

　　馴鷹，是獵人把鷹帶回家放在特製的鷹架上，幾天不讓它睡覺，這樣就能磨掉鷹的野性，叫「熬鷹」。然後，通過「過拳」「跑繩」幾個環節，鷹就能聽獵人的吆喝到獵人的手臂上。馴鷹的關鍵是掌握它的膘情。獵諺「膘大揚飛瘦不拿，手工不到就躲藏」，道出了它的難度。獵人有妙法，讓鷹吞下裹著肉片的麻線團，鷹無法消化麻線，便將線團吐出，腸油就被刮出，這叫「帶軸」，也稱「勒膘」。幾次「帶軸」後，鷹飢腸轆轆，但肌肉強勁，善捕獵。

　　放鷹，就是鷹手架鷹登高，注視著助手——「趕仗人」在林叢中吆喝「趕仗」。「趕仗人」敲木吶喊，狐狸、山兔、野禽受驚而出，鷹手撒鷹，尾帶小銅鈴的鷹振翅而去，猶如飛箭一般，撲向獵物。

　　鷹獲獵物先叨其毛，這樣獵人可上去拿獲。鷹有時要和山兔、野公雞進行激烈的搏擊，山兔會翻身蹬鷹，野雞要強翅相搏，十分激烈。年過三齡的鷹，稱為「三年龍」，能和狐狸搏擊，必經一場鏖戰，當然，鷹是常勝將軍。

　　送鷹，說明獵人對鷹感情深切。到了萬物孕育新生命的春天，獵人會遵古俗，讓它北歸生兒育女。有時鷹會留戀不去，獵人一送再送。一般民間獵手，春夏不留鷹，有的富家，或者皇家鷹坊，會有專門地方讓鷹度夏，被稱為「籠鷹」。

馴鷹中趣事很多，如進貢的鷹，要長途跋涉，獵人便縫上它的眼皮，一路上便格外嫻靜。再如，幾乎所有的野禽都怕鷹，唯有喜鵲不懼。獵人在鷹尾上插上一根白羽翎，喜鵲就會聚來，甚至達幾十隻，圍著鷹上下飛舞。「眾鵲朝鷹」是自然界的奇景。

　　清中葉以後，在東北地區，昔日盛大的打圍已經逐漸看不到了，但三五成群、搭伴而獵仍是常事，尤其是一些滿族聚居的村屯，瞄蹤、放鷹、捕熊等古俗仍沿襲到今天。關裡的滿族，或駐京師，或居「滿城」，以守疆保土為己任，經常出獵已無條件，但只要可能，滿族仍對狩獵樂此不疲。如北方旗營的滿族，每到冬季，仍成群騎馬，到西湖南高峰一帶狩獵，打些野雞、山兔之類的動物，作為飲酒佳饌。

　　使鷹狩獵，獵人要極勇敢和有耐心，因鷹的脾氣很古怪，弄不好不但馴不出好鷹，還往往耗費極大的物力財力。

有趣的狩獵方式

　　人類用各種辦法去捕捉野獸，稱之為狩獵。有許多狩獵的方式或方法已經在民間傳承了一代又一代，並形成了一種文化，在這些狩獵的方式或方法中包含著諸多文化的、自然的、歷史的、宗教的豐富知識內涵，把這些方式或方法集中起來，人們便會感受到人類歷史的豐富多彩，生活歷程的神奇和神祕，生命的偉大和不朽，以及智慧產生的基礎和人類能力的蘊藏量究竟有多大，等等。這些方面，我們都能從狩獵的方式或方法中尋找和感受到。

一、鷹獵兔

　　古語說，兔子蹬鷹。

　　這是指鷹和兔子是一對天敵，而兔子對付鷹的辦法是當鷹從天上俯衝下來捕它的一瞬間，兔子突然地翻過身，伸開後邊的兩腿奮力一蹬，就把毫無準備的獵鷹一下子蹬死或蹬昏，然後它乘機逃走。

　　可是，從前的獵人還是喜歡用鷹來狩獵，特別是捕肥胖的野兔。

　　獵人往往攜帶著獵鷹出發，來到野外，當一發現野兔，獵人往往發出「突——！」的一聲命令，站在獵人肩上或手上的鷹便會立刻展翅飛出，直奔野兔追擊。它追上野兔，往往用翅膀拚命扇打野兔，或用利嘴啄瞎野兔的眼睛，然後用利爪按住野兔，等待獵人趕到。

　　這時，兔子往往拚命地掙扎，它除了蹬鷹外，還會蹬土揚沙，以眯住鷹的眼睛，然後乘機逃掉。

　　可是防蹬和防被沙眯，獵人在「熬鷹」（訓練）時都已教給了它，即急轉身和急扭頭，當這些都學會後，才成為「成鷹」（可以出去狩獵的鷹）。

　　但使鷹去狩獵一定要注意鷹的自尊心，也就是掌握鷹的脾氣。鷹很有個性，當獵人發出信號，它去追趕野物時，一定要有個結果。如果獵人由於年歲

大或眼神兒不好而誤把雲影看成了「兔子」或「狐狸」，鷹追上去一看，不是動物，而是雲影，它會很生氣。

生氣之後，它會立刻返回來，直奔發錯了號令的獵人，狠狠地啄瞎他的眼睛，然後自己一頭撞死在大樹上。

所以獵人為了保護自己的鷹，一定要苦練本領，不能有絲毫的誤差。

二、打紅圍

獵人在長期的狩獵生產活動中由於常年接觸野獸和動物，已經逐漸地熟悉了它們的習性和活動特點，並且積累了豐富的狩獵知識和經驗，對不同的野獸，在不同的季節採取何種狩獵方式這一點上，他們是十分清楚的，如「打紅圍」便是一種有趣的狩獵方式。

所說的打紅圍，是指專門獵鹿，也就是獵取鹿的鹿茸和鹿胎。

這樣的季節，一般是在每年的四、五月間，這時是打紅圍的黃金季節，而要獲得上好的鹿茸和鹿胎，往往要採取四種狩獵方式：圍獵、蹲鹼場、卡鹿道和船捕，但不管使用哪種方式，當捕到鹿後，一定要立即抱住鹿的頭，防止把鹿茸碰壞，因為鹿被擊傷後，它往往是一頭撞向地面毀壞自己的茸。

圍獵，也稱「圈圍」或「趕圍」，是集體狩獵的方法。獵人在有鹿的地方，先將射手隱藏起來，然後眾人將鹿轟撞到獵人隱藏的地方，團團包圍，起初用弓箭後用槍射殺之。用這樣方法只有在多人的情況下才能實施。

蹲鹼場，這是根據鹿有喜歡吃鹼土的習慣，當鹿發現了鹼場，在沒有驚動它的情況下，每天晚上鹿都要去吃鹼土，獵人利用鹿這個習性，久而久之形成了蹲鹼場捕鹿的方式。獵人在白天就要準確地估計好鹿從什麼方向來，並選擇隱蔽射擊的地方。先在鹼場的下風口挖一個土坑，以免讓鹿嗅到人的氣味。夜晚獵人蹲在坑裡，穿戴著麂皮衣帽，不出動靜地等待鹿的出現。蹲鹼場要有十足的耐力，不能咳嗽，不能粗聲呼吸。因為鹿來吃鹼土，走路十分小心，甚至每邁一步都要聽聽動靜。蹲鹼場必須在有月光的夜晚，否則看不清楚。如果在

一個鹼場打死一隻鹿，只有在降雨之後才能再到這裡蹲鹼場，否則鹿能嗅到死鹿的氣味而不來，使獵人徒勞。

卡鹿道，是指鹿每天晚上從山上下來覓食，在沒有驚動的情況下鹿每天上下山必走一條固定的路。獵人抓住鹿的這種活動特點，於黎明時潛伏在鹿道附近的草叢或樹間，待鹿回山經過時堵截射殺之。也有在鹿道、樹林或草叢中發現鹿蹤跡後，尋跡尾隨其後射殺的。

船捕，是指鹿在夜晚貪吃水中青草和苔蘚，而且吃時很老實很投入，不像平時那樣機敏。獵人在夜晚乘楊木雕船潛伏在長有青草和苔蘚的江、河汊子的拐彎處，伺機射殺正在貪吃的鹿，這樣捕獲鹿是比較容易的。

三、打干叉子期

打干叉子期，也指打鹿。

這個時期往往是指農曆的七、八月以後，鹿茸逐漸地變成了硬角，所以叫「打干叉子期」。這時，獵人們主要是採取「遛圍」和「叫鹿圍」的方法來獵鹿。

遛圍，是指獵人持弓或槍，悄悄地遛到鹿的附近，然後匍匐前進盡量靠近鹿，舉槍射殺之。如果發現群鹿，先射殺頭鹿，其餘的鹿就會驚慌失措，則可接連射殺之。

叫鹿圍，亦可稱誘獵。農曆八月份是鹿的發情期，這時公、母鹿互相鳴叫以尋找配偶。獵人利用這一習性特點，發明和製作了「鹿叫子」。鹿叫子亦稱「鹿哨」，用樺樹皮製成，是喇叭形而又細長的圓筒。在鹿活動的地方，吹起來其聲嗚嗚，仿公鹿鳴，以引母鹿。於是母鹿前來尋配偶，公鹿認為有公鹿的地方必有母鹿，也來爭奪交配權。這樣公、母鹿就會被引誘到獵人附近，獵人就會近距離地殺之。

另外，赫哲族獵人還騎馬或乘滑雪板追逐野鹿，待鹿精疲力竭，口吐白沫之時將其捕捉。

陷阱捕鹿，也是獵人常用的一種狩獵方式。

　　獵戶於山中林邊平坦之處或山腳，尋鹿常來往的蹤跡，在必經的路上，掘一大坑，深丈餘，長八尺，寬五尺，上覆樺皮，鋪以和鹽之土，再蓋以草或枯葉。下雨時鹽乃溶解於土中。鹿性嗜鹹，因舔泥土，走至坑上時，前蹄即先陷落窖中。如於七、八月間掘窖，本年不能即用，因鹿之嗅覺靈敏，能在百步之外，辨別生人氣味，近至陷阱亦知繞道而行；須俟該處經過風雨，將氣味形跡滌盡，至來年始得有用。

　　這是赫哲族獵人記載的古狩獵經驗。

　　捕鹿主要是為了獵取鹿茸和鹿胎，二者均是貴重藥材，具有較高的經濟價值。另外鹿皮可以縫製衣服，鹿鞭、鹿尾也是重要商品。在長期的狩獵活動中，北方的赫哲族人還摸索出了加工儲存鹿茸和鹿胎的方法，這也是狩獵文化的內容。

　　鹿茸的加工過程和方法是：

　　獵戶得鹿，即將鹿角連頭蓋斫下，角之左右叉兩端，各鑽一小眼，在鍋中煮清水，至沸點時加清水一碗止沸，速以角浸入鍋中，至水沸時取出，再加清水止沸，如前法炮製。初煮時，小眼出血，後即冒氣泡，至破裂時為止。

　　這樣反覆多次才能煮熟，用針扎茸角，直至不出血才為煮好。然後再用微火烤乾，洗淨曬乾儲存起來，這樣放多久也不會腐爛。

　　鹿胎的加工方法是：獵得有孕母鹿，將胎取出。如胎兒已生毛先把皮毛剝盡，連胎胞斫成肉漿，在鍋中煮成漿汁，在水布上濾過，再煎成濃汁，冷之凝結成膏，能治婦科病。

四、叫倉子

　　叫倉子，主要是指獵熊。

　　引熊出來，被稱為叫倉子。

　　獵熊是狩獵活動中的一項重要內容。熊是東北密林中的主要野獸，以松

子、橡子和小動物為食。冬眠於樹洞或地洞中，靠舔掌維持生命，俗稱「蹲倉子」。

冬天熊在樹洞裡冬眠，當獵犬發現熊在樹洞裡時，獵人先用兩根大木棍交叉堵住洞口再把木棍拴在樹幹上，讓熊在樹洞中出不來。然後在樹幹下邊砍個窟窿，誘使熊從其中出來。它如果不出來就往洞裡扔浸油的擦槍破布，油氣味熏得它不得不出來。當它一出來，獵人用扎槍急刺其胸部。這是一種叫倉方式，熊在岩洞時，獵人也用這種方法捕獲。

早年，在北方的赫哲族中普遍存在熊圖騰崇拜習俗，他們認為熊與自己有著某種血緣親族關係，因此熊是絕不能捕獵的。隨著時間的推移獵熊的禁忌逐漸廢棄了，但是獵到熊後卻要舉行一種特殊的儀式，來向熊道歉，以取得熊的寬容。例如與死熊說：「我們與你相處得很好，不是故意殺害你，而是誤殺，不要降禍給我們。讓我們今後打到更多的野獸。」還將熊骨高高地掛到樹上，進行風葬。

還有一種叫倉方式最能顯出獵人的機警和勇敢。

當發現熊蹲倉子時，要由炮頭在正面對準樹洞口方向架好槍，然後派人去叫倉子。

這個叫倉子的獵人要善於奔跑並頭腦靈活，他手持一根長木棒，來到黑熊蹲倉子的大樹下，狠命地敲打空樹。一下又一下，熊在裡邊不得安寧，它於是氣得「嗡嗡嗡」地吼叫著，突然躍出洞口。這時，叫倉子的人要趕快跑。

值得說明的是，熊蹲倉子的樹，往往前邊是一片開闊地，叫倉子的人容易叫，卻不容易跑掉，這也是黑瞎子的聰明選擇。

可是，還要注意的是，有時熊懶，聽到敲樹，它也不出來，或只是吼叫，不肯出來，膽小的叫倉子人往往聽熊吼就跑，三番五次，它反而「坐洞」不出來了。叫倉子的獵人要叫到恰到好處的地步，一定要把熊引出來。

叫好倉子，當熊的大半個身子已探出樹洞口時，槍法准的炮手要及時開槍，這時熊會掉在外面死去；如果炮手開槍早了，死熊會掉進樹洞，獵人只好

鋸樹取物；如果炮手開槍晚了，熊往往會跳下來追趕叫倉子的人，有時會傷了叫倉子的人。

所以叫倉子是危險的狩獵活動，二人必須配合好。獵熊，還要會保存獵來的獸肉。這往往是在長期外出的狩獵隊中或夏秋之季，捕到獵物，要及時處理獸肉。在西藏地區，這兒的獵人往往一走好幾個月，要每個人打到一隻獵物才能返回，所以他們是一邊打，一邊就將肉處理好，用刀割成一條條的，在火上烤熟烤乾，以便攜帶。烤肉是用大木頭搭成架子，下邊燒上火，將架上肉條慢慢烤乾。乾肉黑乎乎的，放在筐子裡，可以長期存放。內蒙古也有類似方法。據說成吉思汗當年就是讓大家一人殺一頭牛，烤乾搗碎，塞在一個牛胃裡。一頭牛塞在一個牛胃裡，每個士兵背一個可以吃一年，獸皮一般就剝下來掛在樹上，晾乾後帶回去做褥子。

五、熏獾子

獾子是一種有趣的動物，它們又肥又胖，渾身是寶，往往喜歡打洞，住在裡邊，捕捉它們得用「煙獵」。

它們打洞，自己專門選擇山岩或大樹底下的石板下挖洞，這樣的地方，表皮堅硬，裡面是潮土，挖時，它們專門找來和它們是一種類型的貉子來幫忙。據說貉子喜歡住洞，但又不會打洞，獾子把它領進洞中，把挖出的土堆在它的肚子上，然後叼著它的尾巴將土運出來。所以獵人常常稱貉子為「土車子」。

「土車子」每幫獾子修一次洞，它們背上的毛都被磨得光禿禿的，而且往往每一個獾子洞裡都住有貉子，而且不是一隻。所以要獵獾子和貉子沒有別的辦法，只有用煙熏。

獵人們稱這種方法為「煙獵」。

煙獵是這樣，當獵人一旦發現了獾子洞，便立刻找到它的後洞，將後洞堵上，然後在前邊的洞口點上一種「蓿蒿」（這種植物點燃後煙多而大）。當蓿蒿升起煙時，獵人要用衣帽向洞裡扇煙，然後立刻將洞口堵上。

當堵上的「煙洞」被悶上半天后，然後扒土開挖，於是，一窩熏死的肥獾子、貉子什麼的就被擒住了。

六、打麅子

麅子是北方平原上常見的獵物，肉肥瘦相間，又鮮又嫩，是獵人們經常努力去捕獲的對象，而麅子皮又是北方狩獵民族從前衣料的主要來源，所以獵人們經常對付它。

打麅子主要有四種方式——

一叫卡麅道。

卡麅道與卡鹿道不同，因為鹿往往在一條道上奔走，所以可以卡在一條道上，但麅子不是，它並不走一條道。卡麅道同樣要先尋找麅蹤，就是先在草甸子上到處尋找麅子，待發現它後，先看好它往哪個方向走，然後就勢隱藏起來，或追上去將其射殺。如果它跑了，並且改變了方向，就沒有辦法了。所說卡麅道是指麅子喜歡往一個方向跑，掌握準它的去向。

二叫遛圍。

打遛圍，是指對獵人而言。

獵人往往背著槍在林子裡走動尋找，當獵人一旦發現麅子吃食或睡覺時，獵人要悄悄地向前靠攏，一直走到不能再靠近時，可以穩穩地開槍射擊，不是等，而是尋找去打。

三叫套捕。

套捕主要是使套子。套子往往是用鐵線或麻製作的，但要拴成活扣，打成圓圈兒，專在麅子經常走的路上下上套，當麅子慌慌張張地走來時，一下子就被套住，它越掙扎，套越緊。

四叫撞麅子。

撞麅子一般是在農曆二、三月間，白天積雪融化，夜晚又結薄冰，麅子一踩冰就是一個窟窿，還會將腿皮卡破，不易跑快。用獵犬撞麅子效果最佳，這

時獵人甩棒子即可打死麅子；二是在夏季江河漲水時乘船撞麅子。夏季江河水上漲，有些麅子被困在土崗上，獵人乘船劃到土崗將麅子趕下水，然後快速劃船追撞水中麅子。當追至麅子近處，舉棒將其打死或扯後腿按到水中將其淹死；三是在冬季雪深時，麅子行走在雪上陷腿，獵人穿滑雪板追撞麅子，將其捕獲。

七、撿野雞

撿野雞，這可能嗎？

不用槍，不用刀，就乾撿？

而這，又是北方真實的狩獵故事。在北方常常有這樣的諺語：

> 棒打麅子瓢舀魚，
> 野雞飛到飯鍋裡。

這往往是在北方特大的大雪天，當漫天的大雪一下，野雞無處覓食，便成群結隊地走出來，到雪原上去找東西。可是，往往什麼也找不到。兩三天后，它們餓得已經不行了。

這時，等雪停了，太陽出來了，雪原上一片潔白，一片閃亮，野雞一隻隻餓得頭昏眼花，一群群地停落在雪地上。

於是，獵人背著麻袋出發了。

獵人們往往帶著獵狗，一見雞群，放出獵狗，野雞一見獵狗，立刻起飛。可是飛不多遠，它們就會一頭紮進雪窠子裡，把頭緊緊地藏在雪下。它們以為這下就藏住了。

其實，它們的尾巴和膀子都露在外邊。這就是民間常說的野雞顧頭不顧腚，也是它們的傻性子。這時，獵人只需走上前來，一隻隻拎起來，往麻袋裡一裝就行了。往往一天能撿上三五爬犁。

另外，在家的院子裡也能撿野雞。

當大雪落下後，獵人在自家的牆頭上撒上一層小灰（灶坑裡的熱柴灰），和白雪形成了鮮明的對比。天黑下來後，野雞們再也沒有去處，一看人家的牆頭上有一塊黑地，而且是熱乎乎的，它們就一隻隻地飛過來擁擠地站在牆頭上。這時，獵人早已藏在牆下，張開口袋，伸手抓住它們的腿一隻隻往下一拉，裝進袋子裡。

牆上一有空位，立刻又飛來一隻補上。

十米八米長的牆頭，獵人來回走著，不斷地抓著裝著，一宿裝個五到十麻袋是輕而易舉的事。

▌狩獵行規俗

　　狩獵人的「規俗」特別多，這是因為他們是在同殘酷的大自然打交道，人與人之間、獵狗與獵狗之間、山場與山場之間，都要有一種約定俗成的規矩。這裡我們將狩獵規俗歸類如下。

一、打樹皮

　　在東北茫茫的原始林子裡，有一種屬於狩獵之人留下的幌子，人們通常稱之為「打樹皮」或「插花」。

　　打樹皮和插花是狩獵幫遵循的狩獵規俗。

　　狩獵往往講究場地，也就是地盤。狩獵幫之間很講究先來後到，就是誰先占領了這片場子，後來的狩獵幫要主動躲開。這是行幫之間的道德規範，也是狩獵行幫必須出示的「安全告示」。

　　一是人家先來到這裡，可能是早已安排好了「打喂子」（用食物來吸引動物的一種狩獵方式）、「趕仗」（用響動來嚇唬野獸，使其奔向有埋伏之處的方法）。

　　二是人家可能在祕密地方架上了「地槍」「地箭」，人不小心便會喪了命。

　　打樹皮的幌子是這樣的：砍一塊樹皮，二尺長短，捲成一個捲兒，卡在往林子裡走的道旁的樹上，樹皮捲兒上插上野花。花的不同插法，都有固定的含義。野花插在樹皮捲兒的裡頭，說明從裡往外「趕仗」；野花插在樹皮捲兒外頭，示意是從外往裡「趕仗」；野花插在樹皮捲兒中間，示意這個地方是雙邊「趕仗」，中路跑獸。

　　這種「打樹皮」是一種狩獵行幫語言，不懂它的內容的人，以為這一卷野花架在樹上，多麼漂亮好看哪！殊不知，那是危險和死亡的象徵。而「花」的顏色，又表明自己屬於哪一狩獵幫伙。

所謂的「打喂子」「趕仗」，都是狩獵行幫從事的活動。所說的打喂子，是某一幫一行長期使用這片場地的名詞。這一行的把頭對手下的說：「咱們打點喂子吧！」

大夥說：「好吧！」

於是，大夥上了山，找一塊向陽地方，土草乾淨之處，引來一隻鹿之類的動物，一槍把它打倒。然後讓人暗中圍上，等這鹿肉爛了，發出巨大的腥味兒，這時，該有熊來吃。只要熊一來，就要經常把死鹿放到這兒，使熊能定期來此地，但獵人圍著此地，不打，養著熊。等冬天到了，熊的膽長成了，掌也肥了，狩獵者們再動手。這叫「打喂子」。這樣的場地範圍，是這一行的「領地」，所以要掛打樹皮，掛幌兒，告訴同行別再進入。

所說的「趕仗」，就是指狩獵幫在進行一種狩獵活動，往往是槍手在某一個地方隱避好，其餘的人到槍手的另一面去呼喊，撥動草，恐嚇野獸朝固定的方向跑，以便給槍手創造射擊的條件。這時候，背槍手的一側和「趕仗」人的背側都要掛物子，以免槍手的子彈誤傷人或奔來的野獸傷人。

這種奇特的「語言」屬於狩獵行幫的實物語言，而幫與幫之間從這種「語言」中不僅能看出有狩獵幫伙在活動，還能看出是屬於哪一幫哪一主。

有的幫頭喜歡在卷樹皮上插牛皮杜鵑；有的喜歡在上面插馬尿臊；有的喜歡放幾朵金銀花。插法也因幫而異，稱之為「插花」。這全憑插法和花草的顏色來標明獵幫的身分。所以，內行之人打眼一看，就知道，說：

「這是趙炮的趟子！」

「這是李炮的趟子！」

「這是金炮的趟子！」

誰的趟子就是誰的「山界」，別人不許進，這是道德、規矩，也是一種「科學」方法。

由於行幫結社活動的目的不同，他們所使用的交際手段也往往不盡相同，除了上面的兩種之外，「色彩」形態如狩獵人的「打樹皮」，各個行幫往往製

造出一種區別於其他行幫的文化形態，意在保持自己的交際優勢，使此行此幫興旺發達。在這種相互競爭中，種種獨特的交際方式、交際手段和交際符號就出現了。色彩本來就是一種文化，可在一行一幫裡，正常的色彩往往不能表達常規的意圖，關鍵在於此行此幫自身的限定。

通過對狩獵幫「色彩」「幌子」等文化形態的瞭解，可進一步加深對狩獵行幫文化整體和全面性的瞭解，同時也會看到這種文化所呈現出的豐富和深遠的走向。

其實色彩是一種語言，特別是在行幫文化中，使用這種語言來進行思想、感情的交流，有其久遠的歷史，並起到過特殊的作用。

語言本來是一種符號，是通過「聲」來表達的特殊符號，而早期的符號卻是通過顏色來表現的。顏色作為文字往往是同實物、手勢一起完成表達人類思維的；用實物和顏色來傳達信息、表現思想，在古代社會生活之中是常常發生的，顏色語言是古代的一種交際工具。如古希臘著名作家希羅多德在《歷史》中記錄了一個後來人們常常提起的例子。

當時，波斯王大流士在征戰中陷入了進退維谷的境地，於是斯奇提亞人派了一個使者專程送一份「禮物」給大流士王（實際這是一封帶顏色的信）。

一隻鳥、一隻老鼠、一隻青蛙、五支箭。什麼意思呢？原來是說：波斯人，除非你們變成鳥並飛到天上去，或是變成老鼠隱身在泥土當中，或是變成青蛙跳到湖裡去，否則，你們將被這些箭無情地射死，永不會回到家裡去。

古時的一些部落，是用貝殼來做交際工具的。如一個部落派人給另一個部落送去四個貝殼：

一個白色，

一個黃色，

一個紅色，

一個黑色。

於是，產生了兩種理解：

一種理解，我們願意同你們和好（白色的意思），如果你們願意向我們納貢（黃色的意思）；假如你們不同意，那我們就向你們宣戰（紅色的意思，血是紅色的），並會把你們殺光（黑色的意思，永遠躺在黑暗裡）。

另一種理解，我們向你們求和（白色），準備向你們納貢（黃色），如果戰爭繼續下去（紅色），那我們就非滅亡不可（黑色）。

顯然，這是一種色彩語言。對於這一類交際工具，往往帶有神祕的猜謎性質，這在民間傳說之中就更加豐富和生動了。

據《蒙韃備錄》載：「蒙古年號兔兒年、龍兒年，自去年改為庚辰年。」這庚辰年就是一二二〇年，而在蒙古族民間，採用的則是喇嘛教的藏歷紀年，那就是以藍、紅、黃、白、黑五色，分陰陽與十獸各相配的紀年。如「火兔年」「金龍年」使色彩更直接地成為文化。

草，春草、夏草都是綠色的，所以蒙古族也有稱一年為「一草」的，這也是以「顏色」來記載光陰的。

在中國民間的行業文化之中以色彩來傳達語言、表達思維的現象也是十分明顯的。在東北放山行中，發現人參後要使用紅繩把人參綁上，人們說這是怕「山孩子」跑了，其實是久遠的色彩文化在挖參行之中的沿用。

在這裡，行幫除了沿用紅色的宗教意義外，還結合了行幫自己的生產需要和對科學意義的理解。

據著名的民間文學研究家張克勤和許許多多挖參人講，給剛剛發現的人參繫紅繩，是為了把人參同其他草木區別開，不易混淆。

因為，在漫無邊際的深山老林裡尋找人參，這一行的人聚精會神地找人參，山裡到處是綠色，挖參人的眼睛都看花了，一旦發現了人參，馬上以紅色的東西——繩或線，區別開來。

這種以「紅」來區別的文化習俗，延續了千百年，人們只單純地從紅色的宗教意義上來解釋，卻恰恰忽視了行幫文化的科學意義。在挖參行中，色彩是

作為一種實用的行為語言來使用的，這就是行幫文化的重要意義所在。

在後來的生產、生活中，在中國民間各行幫之中，採用不同的色彩來表達不同的含義，逐漸地演變成一種獨特神祕的習俗。如供奉的行幫祖師爺，紅臉的是火神，黃臉的是金神，黑臉的是聖人、道人，藍臉的是鬼妖；人們往往也用顏色來表達吉凶禍福。

色彩作為行幫文化的交際手段也使用在一些行幫的祕密語、隱語的傳遞方面。如江湖上各幫之間傳遞的布票，就是畫上顏色和符號，在此之前定出一定的暗號，以此來交接。

淘金行的韓邊外，讓自己的鄉勇腰間掛上一塊木牌，稱為「腰牌兵」。這都是色彩在行幫之中的獨特運用。當然，隨著科學文化的進步，更先進的交際方法的出現，這種文化就逐漸地成為名副其實的「古文化」了。可見，狩獵行中的打樹皮是一種典型的色彩文化形態。

二、打虧情

狩獵幫十分講究「打虧情」。據民間故事家朱明春講述，所說的狩獵「打虧情」，就是有的「初把」（初次狩獵的人）上山，不該打的打了，該晚打的早打了，等等，這些都是「打虧情」。這樣的事一出現，把頭（也叫炮頭）立刻就命令大夥扔掉吃的，下山，表示對自然山林的懺悔。

在山裡，狩獵幫有自己嚴密的規俗，他們講究春不打母——因雌性野獸春天要下崽；秋不打公——因雄性野獸秋天要配種，傳宗接代。比如鹿，只有冬天才打胎。江河捕魚還講究個汛期呢，這就是不輕易殺生，輕易殺生不道德。

他們打獵，也講究：

> 你不吃，我不宰，
> 你不買，我不賣。

在「打喂子」前，往往心中自我叨念：

> 鹿哇鹿哇別見怪，
> 你是陽間一刀菜！

　　然後開槍，擊倒鹿。這實際是東北狩獵儀式歌。他們就是「打喂子」時，也不是見鹿就打，而是打那些吐「草餅子」的老鹿。鹿到了老年，吃不動什麼了，就嚼一種草，不停地嚼，這叫吐草餅子的鹿，說明它已經老了，不打它早晚會自己死掉，獵人往往選這樣的對象下手。

　　比如夏天，對「葷菜」不打。所說「葷菜」，就是油腥較大的動物，熊呀野豬什麼的；而到冬天才打這些野獸。對「素菜」，也要找好季節，當「素菜」對味時，才下刀開槍。素菜如野雞、麅子什麼的，個子小全是瘦肉，所以叫素菜，夏天才打。而冬天，它們活過來不易，肉又少，不要打。

　　狩獵很講究什麼時候打葷，什麼時候打素，不能亂打。打大牲口（虎、熊）時不打小牲口；打小牲口（兔、野雞）時，不打大牲口；打老虎時對其他野獸一律不動。獵人們常說：「別把山場打『渾了』！」

　　實際上，「別把山場打渾了」這句話，就是一種科學的總結，狩獵之人如果不能保護山場，破壞了生態平衡就等於自己破壞了自己的生意。這種科學的認識來源於他們自己多年的狩獵實踐，所以是十分珍貴的經驗，同時也說明道德和科學經驗是難以分離的同一概念。

三、打規矩

　　打規矩，是指獵人在道德與心理上的一種約束，這可能是來自於人類早期對動物和大自然的一種恐懼觀念，怕遭到動物或大自然的報復，於是有了這種規矩。比如對一種動物，就是它再惡，不能總打，總打會得到報應。

　　傳說有個打獵的，叫吳亮。這人一輩子打獵，到後來「栽」在一隻大母狼

身上。

一年春天的一天，他和幾個獵手上山狩獵，太陽升起一竿子高的時候，就見一群狼攆一隻狼，他舉槍就瞄頭前那隻狼。有懂規矩的就說了：「吳亮，寧可打後邊的，不能打頭狼。」

吳亮說：「咋的？」

夥伴們說：「這節骨眼是狼的發情期。你沒看見後邊那一群追那一隻嗎？後邊那一群都是公狼，就那麼一隻母狼，萬一打死前邊的母狼，公狼就會發瘋，非得把你追死不可。追不上你咱們全村也得遭殃，對大人小孩和牲畜，狼會往死了咬！」

吳亮說：「管它呢！」

話音剛落，他「咣」的一聲，把前頭那隻大母狼放倒了。他走上去，捆巴捆巴就背回家去了。這隻狼真大，有一頭小牛犢子那麼肥實。

晚上，吳亮做了一個夢。

有一個白鬍子老頭說：「你小子把我老伴打死了。你要改過還不晚，明天你別扒它的皮賣錢，它的皮最多值十弔錢，我給你二十弔！」

吳亮醒來，覺得這夢奇怪。揉揉眼睛一看，炕沿上真放著二十弔錢。

吳亮挺高興，心想，正沒錢換季呢，順手把錢揣兜了。又一想，不行，得趕快扒皮，還能弄個十弔八弔的。他一順手扒下老母狼的皮，就釘在牆上了，然後扛起槍又上山去了。

走到一個十字路口，就見前邊三十幾米的地方，臥著一隻公狼，渾身白毛，頭上一綹紅毛，不錯眼珠地瞅著吳亮。

吳亮突然想起昨晚上的夢。就說：「你是母狼的老伴吧？」

老狼說：「正是。吳亮，你也太不講信譽了！你殺了她，我的一家子都讓你給毀了！」

吳亮說：「毀就毀了吧，誰讓你們盡禍害人呢！」

老狼說：「可你不該打她！」

吳亮說：「為啥？」

老狼說：「她懷有身孕。」

吳亮笑笑說：「我哪知道。」

老狼說：「我託夢給你了。可你，收了我的錢，還是把她扒了皮……」

吳亮說：「別囉唆了，吃我一槍！」說完，一勾扳機，「咕咚」一聲，老槍噴出一股火光。等白煙散盡，老狼不見了，吳亮又往前走。

走著走著，就見前邊的十字路口上坐著一個白鬍子老頭，正脫下皮襖拿蝨子。抓一個送嘴裡吃一個，抓一個送嘴裡吃一個。蝨子被咬得「咯嘣咯嘣」直響。

吳亮走上去作了個揖，問：「大爺，你看見一隻狼跑過去嗎？」

白鬍子老頭說：「為人處世不能做絕，要適可而止。」

吳亮又說：「是一隻長白毛的老傢伙。」

白鬍子老頭說：「人都是三窮三富過到老，人都有那一天。」

吳亮覺得這人說話怪，又所答非所問，再仔細一看，這老頭從皮襖上抓的哪是蝨子，都是他的槍砂子，在老頭嘴裡吃的這個香，就像吃苞米花似的，他頓時就嚇出了一身冷汗。說：「喲，白大爺，原來是你呀！」

白鬍子老頭說：「多虧你還認出我來了。」

吳亮說：「還有法救她嗎？」

「有法。」那老頭說，「你把她的皮從牆上揭下來，放在大盆裡，晚上裝滿水，端到窗檯下邊。你三天不興出屋。」

吳亮答應了，回去就這樣做了。

果不然，第四天頭上，吳亮推門一看，盆子裡的狼皮沒了，從盆子往院外，一溜的狼腳印，直奔深山老林裡去了。從那，吳亮洗手不幹了，再也不打獵了。

還有個初把打瘸狼的故事。

這個初把叫王奉，那年也就十四五歲，他從小死去爹娘，是在他二姨家長

大的，後來二姨也死了，二姨父又說了人，無奈他就一個人投奔了當地的一個大車店，給掌櫃的掃掃院子、拌拌馬料什麼的，掙點吃喝混日子。有一天，來了一夥大車住店，頭把老闆子是前郭旗人，到東山裡來拉橡子回去給燒鍋釀酒。晚上，王奉和人家嘮得挺熟，就說：「大叔，您帶我出趟車唄。」

老闆子說：「行，但有一個條件。」

王奉說：「只要帶我去，別說一個條件，就是十個條件，我也聽。」

老闆子說：「好吧。王奉啊，你記住，出門在外，千萬別惹是生非。」

王奉說：「就是不拈花惹草？」

老闆子說：「對。車行在路上，無論看到啥玩意兒，你也別輕易惹它。」

王奉說：「這，大叔您放心。」

當時王奉只是一般的小夥計，車老闆子和店掌櫃的一說，掌櫃的正好想上草原去弄張羊皮做件皮襖，就爽快地答應了。第二天，王奉就跟這伙車上了路了。

車一啟動，王奉就接過尾車老闆子的鞭子搖著，玩著，十分開心。

這時天漸漸黑了，車隊來到一片草甸子上。那草甸子挺大，一望無邊。走著走著，王奉看見路邊有一個貓不貓、狗不狗的傢伙蹲在那裡，前邊幾輛車的人看見了都像沒看見一樣，繼續趕車走路。到了那玩意兒跟前，王奉手裡拿著鞭子正閒著沒事，在空中搖了搖照準它就抽了一下。只聽「啪」的一聲，那玩意兒跳起來，一蹦一蹦地跑了。王奉一看，是一隻瘸狼，就拍手哈哈地笑開了。

大夥一看王奉惹了路邊那隻狼，臉都嚇白了。頭把老闆子一聽王奉的笑聲，回過頭一看，說：「王奉啊！你可闖下大禍了！」

「啥大禍？」

「你是不是惹了路邊的那隻狼？」

「一隻老瘸狼，你們怕它幹啥？」

「不是怕，可就是不能惹！人家沒傷害你呀！你惹了它，會出大事

的……」

頭把老闆子話沒說完，就見那隻老瘸狼一拐一拐地跑到離道五十多米遠的地方站下了，然後用前爪扒扒腳下的土，把嘴就插進了土裡，接著就嗚嗚滔滔地叫上了。

這叫聲才難聽呢，就像誰家死了當家的似的，即刻間，聲音就在四野傳開了。

頭把老闆子跺著腳說：「壞了！可壞了！咱們今晚走不了啦。它這是叫『伙子』呢！你們看吧，一會兒就有咱們好瞧的啦……」

大夥也都嚇傻了，問：「現在咋辦？」

頭把老闆子喊：「還站著幹啥！快卸車！打圍子！」

發愣的人立刻動手把馬肚帶解開，把車上的麻袋卸下來，把大車推翻立起來，垛上麻袋搭好了一個十米見方的大院套，把馬都牽進這臨時搭起的「圈」裡來。

這時，老闆子不是好聲地一指野外，說：「你們看！」

那時，天已完全黑了，在茫茫的野甸子上，突然四周出現了一片一片的綠色光亮，搖搖晃晃地向這邊游動。

那隻瘸狼叫一陣，便停下來抬頭看看四野，等一會兒又把嘴插在地下再叫。

「這，這都是狼啊！」老闆子和大夥都嚇得渾身發抖。頭把鎮靜地說：「現在，怕也沒用啦。事已經惹出來了！快上火藥！」

原來當年，大股車隊出車時都帶著槍枝，這下子可派上了用場。他們一個個把老槍裝上火藥，埋伏在大車後的麻袋上。

轉眼工夫，成百上千隻惡狼從草原深處集中到這裡，把這夥人包圍在這荒草甸子上，接著，惡狠狠地向圍子裡衝。

頭把老闆子手一擺說：「打！」隨著槍聲「叭叭叭叭」地響，野狼一片一片地倒在圍子前邊。可是，前邊的狼死了，後邊的還接著上，干打也不絕，眼

看著子彈也不多了，馬又被狼群嚇得炸了營，一匹匹地跳出圍子亂跑，都被狼群追著咬死在草甸子上。

這時，車隊的子彈和火藥漸漸地沒了。狼群好像知道似的，攻得更凶狠了。頭把老闆子手牽著唯一的一匹沒跑的馬對初把說：「王奉！你過來！」

王奉知道是自己惹下的大禍，他走到頭把老闆子跟前，撲通一聲跪下，眼中流著淚說：「大叔！你治罰我吧！」

頭把老闆子打個唉聲，說：「王奉啊，現在說啥都晚了。現在我讓你來，是讓你設法逃出去，把這個教訓告訴給後人。我們出門在外的人不招惹這隻狼不是怕它，這是老輩子人總結出的經驗哪！」

王奉哭著點點頭。

這時，頭把老闆子和眾人把王奉推上那匹馬，讓他趴下，然後用繩子把他捆在馬背上，又在馬尾上點了一把火，然後一鬆手，那馬發瘋似的跳出圍子，在狼群中一蹦多高。

頭把老闆子又叫人點著了大車和麻袋，他們一個個舉著棒子衝進狼群裡去了。第二天下晌，當王奉領著幾百官兵趕到時，草甸子上已經沒有一點兒生氣，到處是死狼、死人和死馬，人和馬都被狼啃得光剩一副副的白骨頭架子了。

這個故事一直流傳至今，它告訴年輕獵人要多聽老人的話，其實是在向人們講述著狩獵行的規俗。

打規矩是要求狩獵的人一定要按規矩辦事，不然就會「出事」。

比如在山場子上狩獵，不能說大話，「吹牛」更不行。這是讓獵人集中精力去應付可能出現的種種不測。

在早，長白山裡有個打獵的，姓劉，外號叫「劉不開面」，啥事都較真兒。他有個徒弟，姓崔，說話不著邊際，大夥管他叫「大吹」。「大吹」的爹是螞蟻河子一帶出名的炮手，清朝時給大戶人家守過邊。從小「大吹」就使槍弄炮，槍法也不大離兒，可是在「劉不開面」的圍伙子裡，他也不太吃香，為

啥，就因為他好吹牛。

　　這年入冬，一天夜裡下了一場小清雪，早上起來，劉不開面領大夥就走，大吹從牆上摘下老抬桿，劉不開面說：「藥葫蘆你裝了嗎？」

　　「現走現裝也趕趟。」

　　「槍你擦了嗎？」

　　「擦它幹啥！是槍就強起燒火棍……」大吹說完就擠進伙子裡上山去了。

　　上山走了不遠，圍狗就開狂了（叫了）。那天，劉不開面帶著一條圍狗，叫「九元」，是一天他到甸子街去打酒，花九元錢從一個老客手裡淘弄來的。這「九元」個頭不大，平時賴賴唧唧的，可一遇見山牲口，兩個尖耳朵一絜撒，要多凶有多凶，劉不開面和大夥都愛它如眼珠子。一次，大吹讓野豬叼住了屁股，多虧九元咬死野豬，救了他一條命。這時一聽「九元」開狂了，劉不開面趕緊往裡跑，到了林子邊一看，只見一隻金黃色的大老虎正和圍狗耍威風。劉不開面折了一根條子打狗，狗還是不敢進林子。

　　這時，劉不開面也有點膽兒突的，不敢打，怕「打炸了」（打獵槍法要准，不然一槍打不著，叫打炸了，這時野獸就會死命撲向獵人），就在這時，老虎突然撲上來，死死地咬住了獵狗。劉不開面這下可心疼了，他讓大吹上東面，小鎖子上西面，他架起槍，「咕咚」一聲打過去，老虎應聲倒在地上。誰知老虎打了個滾兒，突然一扭頭朝劉不開面撲過來。他慌忙跑，可是已經來不及了，老虎一口咬住他的靰鞡後跟，劉不開面一個跟頭栽在雪地上。心想，這回活到頭了，明年今個準是我的週年！可是，卻不見老虎撲上來，再一看，好傢伙，「九元」齜著尖牙，死死地咬住老虎的屁股。老虎的屁股又疼又癢，不得不鬆開劉不開面，回頭去咬「九元」。

　　劉不開面一看，老虎大面正衝著東邊，就喊：「大吹！快摟火呀！」

　　「咕咚」一聲，槍響了，可是老虎沒倒，咬住老虎屁股的「九元」卻一個跟頭栽在雪地上。原來大吹忙中出差，手一哆嗦走了火，把「九元」給放倒了。老虎一愣神兒，「咣」的一聲，西邊小鎖子的槍響了，老虎嗷的一叫，應

聲倒了。劉不開面從雪地上爬起來，抱起渾身濕淋淋血糊糊的「九元」，咧開大嘴就哭開了。這時，大吹低著頭走上來，撲通給劉不開面跪下了，說：「大叔！你打死我吧！殺了我吧！」

劉不開面抱著心愛的圍狗說：「我真想殺了你！今後，你還吹不吹啦！」

大吹哭得鼻涕一把淚一把，下了山，大夥在房後給「九元」修了座墳。從這，大吹再也不吹牛了，扎紮實實練槍法，後來倒也成了東北真正的獵手。

四、獵人的禁忌

在從前，每一個山裡的獵人都要深深地懂得任何一種行為所表示的意義，不能隨便行事，以免惹出麻煩，也就是觸犯了狩獵的山規。

山規往往是一個家族、一個幫伙所制定的狩獵的規俗，是嚴格不准侵犯的。

如北方的狩獵民族赫哲族，他們有明確的狩獵禁忌。

冬天在山裡狩獵，遇到另一夥打獵人的腳印兒，不許踩，應該繞道走，否則就會被認為不遵守山規，不尊重別人，會引起兩支狩獵隊的不和，甚至引起武鬥。

在狩獵的帳篷裡吃飯後，要把篝火堆攢好。鍋要扣得平穩些，吊鍋子掛在樹椿上不許亂搖晃。不許敲打有聲的器物。用刀子翻鍋、鏟鍋是絕對禁止的，否則認為是割斷了打獵的好運氣。

婦女不能坐或跨過獵槍、子彈和捕獸的各種工具。男人的衣服也不許婦女去坐或跨過。

同時，狩獵的人在山中相遇，必須請到自己的住處吃一頓飯，否則會被人看不起。

狩獵中碰到不順手捕不到野獸時，到別人的帳篷裡拿點食鹽或煙葉，這叫偷點「順當氣」，據說這樣就會有好運氣了。

在山林中行走，絕不能提狗肉好吃，不然就會「傷狗」。

北方的達斡爾族獵幫也有許多禁忌。

如野外的獵人碰上狼，不能直接稱呼狼的名字，而要叫它別的名字以代替這個原有的稱呼。傳說如果直接喚它的名字，野獸身上發癢，感到有人叨咕它，於是就要來害人。

當發現虎的腳印兒時不能頂著走，否則意味著人要跟它較量，它便會撲上來（這簡直是一種矛盾，又狩獵，又要躲著）。而其實，這是狩獵人的一種經驗之舉，是他們多年狩獵總結出的一種體會。

每當發現了虎的腳印兒，就是從原來腳印兒對面走的獵人，也要先順著腳印兒的方向慢慢地拐過去。其實這便於包抄。

狗進屋時不能在人的身上過，誰家的獵狗一旦上了房，就意味著這家人家將有災難臨頭。

在野外狩獵，打到了野獸要就地割開，把肉和皮分開，如果這時有人「碰上」，一定要把獵物分給對方一半，這是獵人的老規矩，叫「見面分一半」。對那些不懂規矩的獵人，大家都指責他，特別是對那些不團結、不幫助人的人，大家最忌諱與這樣的獵人交友。

在山裡狩獵，必須齊心。

有這麼個故事，樺甸有個地方叫暖木，一個叫陳四麻子的，在梨樹通溝口子的嶺前壓了個倉子，專收打圍的。有個從關裡家來的人，叫劉炎，大塔子個，羅圈腿，大嘴丫子，說話罵罵咧咧的。他找到陳四麻子，說：「咱倆搭個伙！」「中！」於是兩人就放開圍了。劉炎狩獵正經有兩下子，每天他上南山，陳四麻子上北山。二人對對付付的，日子過得也不錯。轉眼過了半個月。一天，陳四麻子打到了一隻老虎，按著狩獵的規矩，二人二一添作五，平分了，賣了不少錢，分別存放起來。再說這麼一天，劉炎在山上放倒一隻老虎，他把虎拖到腰甸子上，用草蓋上，就回倉子了。陳四麻子一見，說：「方才聽見槍響，打著啦？」

「打個屁。」劉炎說，「是他媽老槍走火！」

那時，這個圍是他們兩人幹的。劉炎一看袋裡的米也不多了，就問：「還夠吃幾天？」

陳四麻子說：「三天。」

劉炎眼珠子一轉說：「這麼的吧！我回去弄點兒吃的。你等著！」

「好吧！劉老弟你可快點兒回來！」

劉炎這下子可得了把了，他連夜來到山上的草窠裡，把虎皮扒下來，把骨頭一包，就奔了大集了。在當年，打了老虎不經官就犯了法。他一賣犯事了，人家說他偷的，他說在山上打的。官家說讓他找「伙人」做證。沒招了，他只好領人來見陳四麻子。

那時，他一走走了十多天，陳四麻子一個人在山上的地倉子裡等他，乾等也不來，糧食早就吃光了。這天，可下子見了劉炎了，餓得直打晃，說：「老弟，你咋才回來？」

「唉，喪透了！大哥，我攤上事了！」接著把事情的經過一五一十地說了一遍，又加了一句：「大哥你就原諒我吧，我看虎骨太值錢，一時起了貪財心。今後不能了！」

陳四麻子見他怪可憐的，就出面證明是他們合夥打圍，官家這才收了虎皮放他走了，於是二人又合夥打獵了。再說，自從劉炎走了之後，陳四麻子收留了一個在山上「單撮」的小半拉子，現在他們是三個人的伙圍了。一天，陳四麻子說：「劉老弟呀！你對這一帶山場都熟，哪有黑瞎子蹲倉，咱們也殺它一個，也該回家轉了！」

劉炎嘴一咧說：「沒有。」

「真沒有？」

「真沒有。」

第二天，正好下大雨，陳四麻子出來的時間也太長了，就一個人回腰甸子去了。看他一走，劉炎就拉起小半拉子，說：「走，咱倆殺野倉子去！」

「你不說沒野倉子嗎？」

「有，方才我是怕陳四麻子也來，多一個人不是得多分一份嘛！」

半拉子為難地說：「人都走了，槍也少了！」

「能殺！用土炮崩！」

說完，劉炎拿出個水壺，裝上滿滿一壺火藥。一看不行，太小，說：「沒用，要飯要不著還搭個米袋子，乾脆這麼的！」他找了條褲子，把褲腿紮上……裝了滿滿一下子火藥。

半拉子說：「不行！太大！」

劉炎說：「行。外邊用鐵絲擰上。」弄成火藥褲子，遠看像個刺蝟，放進背筐上，一背就走了。

他們來到一個山坡上，山坡上有一棵大樹，在半當間，是個「天門子」。劉炎砍了一個棍子，叫半拉子把「褲子炮」卡在棍子上，到那兒他舉著，他點，只聽「咕咚」一聲下去了。

再說，這個「褲子炮」帶爪，往樹洞裡一滾，一下子刮住了，接著炮一響，「咔嚓」一下，把樹給炸斷了。黑瞎子還不出來。

劉炎對小半拉子說：「你把樹砍個眼兒。」

小半拉子壯著膽子去，挖個小眼往裡一看，熊瞎子在那兒呢。

劉炎說：「快！用刀捅！」

小半拉子一捅，黑瞎子「嗷」一聲，疼得它就躥出來了，身上還帶著刀。劉炎站在原地還沒等明白過來，黑瞎子一下把他給抱住了，接著上去就是一口。劉炎早已蒙了，順手一刀捅在黑瞎子的哈拉巴上，沒把黑瞎子咋樣，站在一邊的小半拉子早嚇傻了。就在這九死一生的關口，只見從山坡下飛跑來一個人，從後邊撲上來，舉起開山斧照準黑瞎子的腦袋就砍下去，直砍了二十多下子，黑瞎子才倒下了。這時劉炎渾身是血，也一頭栽歪在山坡上。

來人是誰？正是伙友陳四麻子。原來，他出了圍倉子走不多遠，就聽背後山谷裡傳來了悶聲悶氣的一聲響，他心裡一激靈，心想不好！是不是這劉炎又起了私心，獨自去放獵，沒有好槍，用土炮會有生命危險的！想到這兒，陳四

麻子不顧一切地往回跑。你還別說，他來得正是時候，要不是他趕到，劉炎早就餵熊了。這時節，你再看看劉炎，臉上的肉皮子從頭頂一直奓拉到下巴頦兒上。陳四麻子用刀把他臉皮往上兜了兜，就喊半拉子：「快！抬人！」

兩個人連抬帶拖，眼看快到倉子跟前了，劉炎上氣不接下氣地說著：「陳大哥，小老弟，我進不去倉子了！要死了。我這輩子，想的總是貪圖小利，這也是咱狩獵人的報應！今後告訴放山打圍的，可別學我劉炎哪！」

說完，劉炎嚥了氣，死在倉子門口了。這真是應了狩獵人的話。後來狩獵的人都養成了一個習慣，有飯大夥吃，有物大夥打，有福大家享，有罪大家受，誰也不興有二心。

狩獵行宗教信奉

狩獵是在同殘酷的大自然和凶猛的野獸做殊死的搏鬥，因此在他們的心目中希望有神靈來保佑自己、幫助自己去生存，並能順利安全歸來。所以，他們這一行有嚴格的規俗和特殊的信奉。

首先，他們信奉山神爺，並希求其保佑自己。

獵人進山狩獵，必須遵守狩獵規矩，不能隨便違犯。據赫哲族老獵人講，當年每到一個新的獵場，把頭都得領著大夥給山神爺磕頭，在樹上掛紅布，插上幾根從篝火中燒剩的冒煙的木棍當香火，在地上供一些食物，用手指往空中灑一點兒酒，嘴裡向山神爺叨咕「保佑我們打圍順順當當的，多得獵物。」

進了山後，不許說怪話和謊話。在山上遇到大樹椿子，不許坐。獵人認為大樹椿是山神爺老把頭坐的。

一、山神爺之一──老虎

獵人說「老虎」就是山神爺。

老虎為什麼是山神爺？而虎頭上還真有個「王」字。著名民俗學家王肯先生早年曾在東北大興安嶺進行過考察，他發掘的一則傳說這樣說──

西漢末年，王莽篡位，追殺劉秀。劉秀大敗，單槍匹馬往北落荒而逃。

一天，劉秀逃進一條山溝，走不多遠，一座高山擋住了去路，這座山叫南嶺。劉秀抬頭一看，山高萬丈，無路可走，兩旁都是絕壁，無可攀緣，耳聽身後追兵就要到了。劉秀正在納悶兒，就聽一陣風聲響過，一隻斑斕老虎從山上猛撲下來。劉秀嚇得兩眼一閉，大叫一聲：「我劉秀完了！」這時，後邊的追兵也趕上來了。只聽猛虎一聲吼叫，嚇得王莽身後的追兵都癱倒在地，劉秀也被摔下馬來。那猛虎卻朝劉秀走來。劉秀說：「你又不吃我，是想救我嗎？」那虎點點頭，轉過身去，用尾巴把劉秀一卷，扔到了自己背上，馱著劉秀躥溝

越澗、翻山過嶺朝前跑去。

那虎駄著劉秀來到一個村邊，臥在地上，劉秀感謝地摸著老虎的腦袋，他看見虎前額上有三道橫紋，靈機一動，就在三道橫紋中用手指又畫了一豎，順口吟詩一首：

　　　　　　老虎頭上三橫樑，
　　　　　　劉秀加豎在中央。
　　　　　　今年救我漢劉秀，
　　　　　　來年封你獸中王。

以後劉秀復興漢室，做了東漢光武帝，老虎頭上也有了「王」字，成了獸中之王。

當然，老虎在人們心目中的王位比這要早，但傳說中還要經過「皇封」才算名正言順，這也順理成章。

老虎幫助一位走投無路的亡國之君打敗他的敵手──篡漢奸臣王莽，並幫他恢復漢室，復得王位，而劉秀也有王者的氣魄，他知恩報恩，封老虎為「百獸之王」，在肯定正義，並使正義力量最終得到勝利這一點上，人與獸的利益是一致的，都達到通神的地步，勢必為歷代人所傳誦，於是虎在傳說中成了聖獸、仁獸，是具有神的魅力的動物。

於是從此，老虎成了山神，它能幫助人。

民間還傳說有幾個獵人共同出獵，其中有個孩子什麼也沒打到，夜間露宿在林中，有一隻老虎常在他們周圍走動，獵人們認為，他們中間一定有人和虎有仇，於是大家商定，每人都把自己的帽子扔到離宿地不遠的地方，如果老虎銜去誰的帽子，定是和誰有仇。第二天，其他人的帽子仍在，只有這個小孩的帽子被老虎銜去了。大家便逼著小孩留下，然後各自走開了。小孩心裡害怕，就爬到一棵樹上。老虎在下面來回走動，嚇得他不敢下來。後來餓得不行，他

想爬下樹來回家去，剛跳下地，就遇到了嘴裡銜著他帽子的老虎。老虎並不吃他，卻把一隻前掌伸出來。小孩一看，那前掌上有根刺，這是讓他給拔刺。小孩給老虎拔出了刺，又給它包紮好。老虎就幫他抓了很多野獸。小孩搬不動，老虎就讓小孩騎在自己背上，又馱上抓來的野獸，一直送他回了家。

相傳這隻老虎是由白那恰變的，白那恰就成了鄂倫春族獵人世世代代崇奉的山神。（見關小雲、王宏剛《鄂倫春族薩滿教調查》）

於是，虎對人幫助或「報恩」的故事越來越多。

據說大唐年間，河北林縣有一人姓勤名匡，父母都在，勤匡幼年就和本村林將的女兒定親，專等長大結為夫妻。勤匡十二歲就不肯讀書，好使槍弄棒，學得一身好武藝。一回他和夥伴一起來到山上打獵，走到山腰，看見一隻黃斑老虎落在陷阱中，勤匡拉弓裝箭，就要射虎。這時，樹後走出一位老人，策杖而前道：「人說：『人不害虎，虎不傷人。』況虎乃百獸之王，殺之，將必有禍也。何不高抬貴手，救一生靈？」勤匡聞言醒悟，收了箭救出老虎。

由於勤匡不務本業，漸漸地一家三口食不飽腹。這時正趕上朝廷募兵，平定安史之亂，勤匡瞞過爹娘，便去充軍。途中捎回信來，可嚇壞了他的父親。他娘見狀問道：「出了什麼事，你嚇成這個樣子？」「說出來只怕急壞了你，匡兒充軍去啦！」「唉啊，我尋思啥事呢，明天捎個信叫他回來就得了唄！」「你個該死的懂個屁，充軍四海為家，身無定居，往哪捎信兒？再說，此去刀槍無情，凶多吉少，萬一做了沙場之鬼，我們老兩口可咋活呀！」

光陰似箭，一晃三年過去，勤匡音信皆無。林將放心不下自己的女兒。這天，他來到勤家，說明欲將女兒另嫁他人。勤老頭說：「不肖之子，有誤令愛芳年；但事已到此，煩親家再等三年，若再不還，任憑親家安置。」林將一聽，可也在理，也就別無他言。

秋去冬盡，不覺又是三年。林將又去和親家商量，要女兒另嫁，可小女說啥不從。林將無奈，忽然心生一計。

一天，林將從外地回來對女兒說：「孩兒，你知道勤匡為啥沒有音信，原

來三年前他就死在疆場。」女兒聞言，調轉身去，聲淚俱下。過些日子，林將又提女兒定親之事。女兒說：「爹把我從小許給勤郎，一女不吃兩家飯，勤郎在兒是他家妻，勤郎死，兒是他家的鬼，豈有再嫁他人之理？」林將說：「我兒不要這樣。爹只你一人，並無弟兄。你若嫁著個人，爹也有半身之托。況且沒過門的媳婦，守節也是虛名。」女兒拗爹不過，心生一計，對爹說：「爹爹主張，孩兒怎敢有違，只是一件，勤郎一死，就另嫁他人，於心不忍，容孩兒守節三年以盡夫妻之情，那時爹爹做主，孩子別無他願。」

九年已到，勤匡還是不回。林將做主，將女兒嫁人。一天一頂轎子抬到林家，娶親的人鼓樂喧天，林家女只得上轎。當轎子走到一段陡峭的山路上時，林家女沖轎而出，向峭崖深處跳了下去。這可嚇壞了所有娶親的人。

卻說就在她將要落到崖底時，一隻黃斑老虎攔腰接住了她，並把她頂在頭頂，向山尖飛奔而去。這時，正好有一支朝廷的隊伍從山頂路過，老虎跑到一位將軍馬前，放下姑娘，長嘯一聲朝山下跑去。將軍看到虎把頂著的人放到他跟前，忙翻身下馬，扶起那人一看，渾身無傷，只是面容憔悴。將軍叫一個士兵給她灌下了湯藥，她慢慢地睜開眼睛，將軍細問來歷後高叫一聲：「我的娘子，你受苦了！」然後把她扶上馬，朝老虎去的方向拜了三拜，躍身上馬，隊伍繼續前進。

原來這位將軍就是勤匡。九年來，在疆場上屢立戰功，榮升帶兵將軍。那隻黃斑老虎就是九年前勤匡救過的那隻虎。後來，還有許多狩獵故事也講述了老虎和人之間的親密來往。

傳說從前有三個強悍的小夥子一起出去狩獵，他們走到一片大森林裡，總聽身後有動靜，不是樹葉唰唰響，就是石頭往下滾，他們回頭看了幾回，又什麼也沒有。這三個人在大林子裡東看一趟，西看一趟，看見什麼動物都打，打完了收拾起來就走，也不拜謝山神爺，打獵的人都懂得山神爺就是百獸之王老虎，你打它不謝它那還了得？

三個小夥子走啊走，總聽見身前身後有一種怪嚇人的聲音，小夥子們頭皮

直發哆，再不敢往前走了。太陽落山了，大林子裡，黑漆漆的，三個人商量商量都把帽子摘下來放在大樹墩子上，然後藏到石頭洞裡歇息去了。

　　第二天一早到大樹墩那兒一找，老三的帽子沒了。老大老二就說老三把山神爺得罪了，他倆怕受牽連，就再不讓老三跟他們一塊走了，給了老三一把斧子，一袋小米，叫他單走。

　　老三看看手中的斧子，掂量掂量那一袋小米，「這啥也不頂啊。沒有槍，沒有刀，這不是等著送死嗎。」他左思右想，不幹了，還是回家種地吧。他剛要回身走，就聽「嗚」的一聲，一陣風，一隻花斑大老虎朝他撲來。老三「媽呀」一聲，抱住一棵大樹就拚命地往上爬，大老虎「呼」的一下子就撲過來，差一點兒扯住老三的褲角子，他急忙往上爬，嚇得尿了一褲兜子。大老虎紅眼了，「呼」的一下子躥上去。無巧不成書，大老虎沒夠著老三，卻卡在樹丫子上了，上不去也下不來，疼得它嗷嗷直叫。老三往下一看，心想真好，大老虎你就掛在那兒吧，這可不怪我，是你自找罪受，自個找死。他想著想著，就往下滑了一段，抓住樹丫，舉起斧子想砍死大老虎，老虎抬起頭來，眼巴巴地瞅著老三，老三心一下子軟了下來，尋思，我還是放了它吧。長這麼大也不容易。於是老三對大老虎說：「我沒有得罪你，你幹什麼叼走我的帽子？弄得我，誰也信不過，兩個大哥都不和我合夥打獵了。今兒個我放了你，以後你也別吃我了。」大老虎點了點頭，又搖搖尾巴。老三舉起斧子把樹丫子砍斷了，大老虎「撲通」一聲掉在地上，打個滾就跑了。

　　老三從樹上跳下來，就滿山遍野地尋找老大老二，小米袋空了，他也不死心，一心要找到老大老二。他走累了，坐在樹下睡著了。一覺醒來，就看自己身邊放著一塊肉，他挺納悶，哪來的肉呢。管它呢，自己正餓得兩眼發花，吃飽了再說。他大口大口地吃起肉來，吃剩下的，帶在身上，接著再往前走。邊走邊喊：「老大哥，老二哥。」一連十多天，天天早晨醒來，身邊都有塊肉，老三琢磨來琢磨去，心想，這八成是大老虎給我送來的。

　　又走了兩天，老三累得氣喘吁吁，尋思找個地方歇會兒，他扒拉扒拉樹下

堆起的樹葉，怎麼一股難聞的腥臭味，他剛要起身躲開，一眼看到樹葉裡埋著一隻腳，他不顧臭味，把樹葉扒開，原來老大、老二都餓死在樹下了。老三淌著眼淚，把大哥、二哥埋上了。

　　他背起家什，剛要走，就見前面大道上趴著一隻花斑大老虎，他仔細一瞧，正是掛在樹丫上的那隻虎。他壯著膽子走到大老虎身旁問它：「你是不是餓了，要吃我？」大老虎搖搖頭。老三又說：「那麼你是要找我呀，只剩我一人，不想打獵了。送我回家，行嗎？」大老虎點了點頭，又搖搖尾巴。老三趴在地上給大老虎磕個頭，然後就騎在虎背上，摟著虎脖子，閉上雙眼，他只覺得「呼、呼」一陣風聲，當老三睜開眼睛的時候，已到了自己的家門口。他從虎背上下來，剛要謝謝老虎，一陣風響，大老虎就跑沒影兒了。

　　汪玢玲教授在《中國虎文化研究》中甚至考證出虎與醫的重要關係，她認為東漢名醫華佗，曉養性之術，精方藥針灸之法，發明了麻沸散（麻醉藥）和五禽戲。他的麻沸散和五禽戲都受到老虎的啟示。一日華佗看見山中獵人抬了一隻死老虎，問知是用毒箭射死的，他受到啟發，用有毒的植物製作麻醉藥，用於外科手術。另一次他採藥到山中，看到獵人圈養的老虎在木欄中總是來回行走，走夠了才睡下，他發覺老虎的健美有力是和它終日在山裡行走、捕食動物分不開的；後又觀察鹿、猴、鳥（鶴）的動作，創五禽戲法，又曰「虎戲」。

　　一曰虎，二曰鹿，三曰熊，四曰猴，五曰鳥。

　　按虎戲者：

　　四肢距地，前三擲，後二擲，長引腰，乍卻仰天即返，距行前後各七過也。

　　此法一直傳到今天仍為傳統健身法，被廣泛採用。其中的上山虎、下山虎、回頭虎等模擬動作精確，形像極為生動。

　　唐時名醫孫思邈信奉道教，居太白山修練，通百家說，善言老莊，精於陰陽醫藥之學，隋唐統治者屢授官，固辭不受，雖老而視聽猶聰，卒年百餘歲，著有《千金要方》《攝生真經》等傳世。關於他醫病神術有很多奇異的傳說，

其中就有他「坐虎針龍」的故事。傳說老虎傷人，金釵卡喉，張口下跪，向孫思邈求醫。孫以不再吃人為條件，為之去鯁。虎報恩供其坐騎，為醫救世人服務，甚至還給一鱗甲患病的神龍治好了病。由於他善道家修養，又有極高明的醫術，死後被封藥王。至今在他的故鄉陝西耀縣藥王山上的藥王洞裡還有他「坐虎針龍」的彩塑。

由晉至唐曾盛傳給老虎拔刺、接生的故事，如《郭文舉》《張魚舟》《李大可》拔虎刺，《蘇易》為虎接生，晉代《搜神記》載有盧陵婦人蘇易者能看產，被虎所取，為雌虎接生，待三子生畢，虎送還產醫並投以野肉。《聊齋誌異》卷十二載有《毛大福》《二班》即醫生為狼虎治病得恩報的故事。《二班》是寫二虎為其母請醫割瘤。

虎請醫故事到近代更有新的發展。傳說一個醫生給人看病歸來，途中遇到一隻老虎張著口衝他走來，老虎表現得特別馴良，並無要吃他的意思。醫生大著膽子往老虎口裡看，原來有根刺紮在老虎嗓子上。他剛要伸手去拔，忽然想到，萬一拔刺時老虎一痛，上下牙一合，他的胳膊手不就斷了？他略一遲疑，便向老虎比畫說，他要回家拿個鐵圈撐住它的口腔，然後再拔，叫老虎等他去取鐵圈來。老虎懂人意，就等他取來鐵圈兒。這醫生到鐵匠鋪很快打了一個鐵圈，等它涼透後放入虎口，伸手取出了骨刺。從此老虎感恩，常常給他送來一些野物。醫生為紀念此事，就照著撐虎口的鐵圈兒，製成一個銅圈兒，再在銅環上拴上一圈兒銅鈴，拿在手中搖動，招徠患者。從此醫術大進，遠近聞名，留下了江湖郎中繞街吆喚的「喚頭」，因此物原是用以撐虎口的，故民間俗稱「虎撐子」。可見醫生用以傳名和招攬生意的工具也是和老虎分不開的。

而更重要的是汪教授歸集了古今大量的關於「義虎型」故事，是十分重要的，她認為虎傳奇中感人的是義虎型故事。其中對虎的智慧和義行作了細緻描寫和傳奇性渲染，反映了某些科學事實。

出於《集異記》的故事說，唐代貞元年間除虎暴時設陷阱捕虎，一虎陷入深阱，一老卒喝了些酒，不慎落入阱中，眾人驚駭，以為老卒定死無疑，一看

他端坐無恙，還和虎講了一大通道理：「你傷人有罪，故人捕你，你今得活，是因我誤落阱中，你能不死。若你傷我，激怒眾人，我氣未絕，你便會在薪火中喪命。你若從我，率領你的虎族遠離此地渡河他去，我便請示太守放了你。」其虎諦聽，若有所解，於是眾人把落阱的老卒和老虎一起拉上來。

許多關於義虎的故事既有真實地點、年代、人物，又同為幾個作者取材創作，可能是實有其事，並加以渲染的。據許多獵人講，老虎在食物充足的情況下是不傷人的，而且通人性，富有智慧。母虎在以野生動物育子的同時，將剩的肉，給落入虎穴的人吃，是可能的。它懂得人求救的心理，同情人救人，也是可能的。獸通人性，已不止一例，人獸之間的情意相通，十分感人。

長白山一帶滿族崇虎更表現在獵人遇虎時，大家把帽子扔給老虎，由老虎裁決，如老虎叼去誰的帽子，誰就跟著去做犧牲。傳說清太祖努爾哈赤青少年時期與一夥人在長白山挖人參，遇到老虎，努爾哈赤好義，自願對付老虎，可是老虎非但沒有傷他，反而把他帶到山水絕佳處，於是發現了大片「棒槌營」（盛產人參的地方，人參土語曰棒槌），從此發了大財，用以購買軍火武器，抗明成功，坐了天下。另一傳說是努爾哈赤未被虎食，反而成了打虎英雄，創了大業。這是獸王幫助人王打天下崇虎思想形成的又一傳奇。達斡爾族則把類似的傳說和虎報恩故事結合起來，如內蒙古人民自治區編《達斡爾族社會調查》中故事《圖瓦沁脫險》講道：從前有一夥獵人，到深山裡行獵打貂，運氣很好，每天都得幾張貂皮。一天晚上，狗吠馬嘶，來了一隻老虎，咬住一匹獵馬的腰部將其叼走。如此數夜，幾乎將獵馬全部叼走，事態危及獵人的生命。獵人們無奈，計議當晚將每個獵人的帽子放在帳篷外，如果誰的帽子被老虎叼走，誰就留下應付老虎，免得全體獵人遭害。結果當晚老虎來了，真的把伙伕圖瓦沁的帽子叼走了。於是，別人準備好行囊，順著老虎走的腳印回家了（據說，如果橫過老虎的蹤印，被老虎發現後，認為有意和它對抗，就會追蹤加害於人），圖瓦沁嚇得就爬上了樹。老虎來了，坐在樹下一揚掌，圖瓦沁一看，原來虎掌上紮了一根刺，而且，虎對他好像並無惡意。圖瓦沁想想如此長時間

蹲在樹上，不被老虎吃掉，也得餓死，倒不如下去幫這獸王將刺拔掉，也許能死裡逃生，就索性下來用獵刀將老虎掌上的刺拔掉了。結果老虎在地上連翻了三下，搖著尾巴走了。圖瓦沁不知如何是好，當日已晚，準備第二天離開這裡。可是太陽快落山的時候，老虎又來了，背上馱著很多毛皮，卸在圖瓦沁面前。從此老虎每天都給圖瓦沁馱來很多野物。

一天，圖瓦沁將貴重的獸皮攏在一起，準備回家。老虎來了就趴下，圖瓦沁領會其意，把皮子放在老虎背上，老虎還是不起來，等圖瓦沁也騎到老虎背上，老虎才行走。到家以後，等圖瓦沁把東西都卸下來，老虎才離去。當初圖瓦沁留在山裡時，家裡料定他必不能生還，已給他準備後事了，可是圖瓦沁卻騎著老虎滿載而歸，全家都喜出望外，歡慶團圓。

許多故事都說明老虎仁義，善解人意，好心助人，知恩圖報，義氣感人。而且故事具有很大的真實性，流傳的地域民族極廣，時間也相當久遠，有的相距兩三千年之久，至今仍有各種不同軼聞流傳在民間，具有強大的生命力，起到深刻的教育作用。

諸多的關於虎的崇拜反映了人類在征服自然的同時也在力圖改造自然，那就是利用自然自身的力量和優勢，使其成為自己所依賴的基礎。既獵虎，又保虎，既怕虎，又崇虎，這就表現了人類保護自然又保護自己的一種觀念。其實這是人類的一種聰明之舉。

人類文明的發展快速地侵擾了虎的生存環境，山林被開發了，荒野被耕種了，虎已無棲所，而人們現在開始保護這種大動物，就是在保存著人類自己的生存環境，而早期的敬虎習俗也反映了人類早已發現了這個問題，儘管有時獵人還不能從理論上來進行概括。從前人們崇虎的更多的意義在於為了使自然的威力為我所用，喚起他們征服自然的勇氣，從而去戰勝傷害和死亡。這當然首先反映在人類對虎的崇拜上。

虎是鄂倫春族供奉的白那恰神。據關小雲、王宏剛考察，鄂倫春族人早先就生活在內外大、小興安嶺一帶。有一年不知從哪兒跑來一群魔鬼，這群魔鬼

眼睛裡放射著凶惡的藍光，一個個張牙舞爪，說鄂倫春族人狩獵的地方是他們的樂園，他們要吃完興安嶺裡的鄂倫春族人。

有一個到處遊獵的部落，裡邊有一位年邁的莫日根老爺爺，他領著大夥跟魔鬼鬥，但抵擋不住大群的魔鬼。這個部落眼看要被魔鬼吃掉了，忽然從天上下來一位白鬍子老頭。這老頭對莫日根老爺爺說：「你要打退魔鬼，不能赤手空拳。要製造弓箭，用弓箭去射魔鬼！」

莫日根老爺爺聽從他的話，就領著全部落的人，製造了無數的弓箭，騎上獵馬，向魔鬼射去，直射得魔鬼嗷嗷亂叫。有的被射死，有的身上帶著箭頭，狼狽地逃到大海那邊去了。

這時，白鬍子老頭又從天上下來，對莫日根老爺爺說：「你們就住在興安嶺的大森林裡吧！你們有弓箭，可以用它射野豬、黑熊，射麅子、罕達犴、飛龍。你們可以吃獸肉，穿獸皮，可以在大森林裡生存下去。你們還要保護好自己的地方。」

莫日根老爺爺把這件事告訴了眾人，大家就住進了森林裡。大家帶上弓箭，騎著獵馬，一起出獵。大家吃獸肉，穿獸皮，住撮羅子，過著遊獵生活。他們把那位指點保護他們的白鬍子老頭奉為白那恰，把白那恰看作是賜給鄂倫春族人勇敢智慧的神靈。

鄂倫春族人對虎不能稱虎，而叫作「烏塔其」，即太爺的意思，也有的稱它為「博如坎」，即神的意思。

鄂倫春族人對自己的祖先和在世的老人，也是不許直呼其名的，甚至有與老人同名的事情，在談話中必須提到時，也要改呼另一名稱。

鄂倫春族人對山神白那恰非常崇拜，凡是高山峻嶺、懸崖絕壁或是什麼洞窟之類，都認為是山神所在的地方。每逢人們打獵途中經過山神之地時，都會頂禮膜拜，從不繞道而行，並不准吵嚷、喧嘩，否則山神會不滿，對狩獵不利。一般遠出狩獵者先向山神供祭，人們認為，只要聽山神的話，它才樂於保佑你，如果觸犯了山神，它會使你一無所獲。鄂倫春族人如果很久打不到獵

物，便會求助於白那恰。

鄂倫春族人供奉的白那恰神像，一般是在狩獵過程中隨時製作。獵人們來到較僻靜處，選一棵較粗的樹，在樹根下約離地面五十至一百公分朝陰面，一邊輕聲祈禱，一邊用斧子輕輕地削去樹皮，然後用黑炭畫上眼睛、鼻子、嘴巴似人臉形象。白那恰山神塗畫好後，在附近或周圍撿點柳樹條，擺在白那恰的前面，再用點燃的蒿草熏一熏，然後磕頭禱告，祈求白那恰多多保佑。

狩獵歸來，獵人們一定要拿點兒獸肉、油、血來塗在神像的嘴部，以示感謝白那恰的賞賜；同時，獵人們還要把左右鄰舍的親友們都請來，共同分享白那恰賜予的獵物。

大興安嶺的部分鄂倫春族老獵人直到現在，仍還保留著敬奉白那恰山神的習俗。

鄂倫春族婦女亦可隨男子一同出獵，夫婦一起遊獵的情況也有，所以，婦女可同男子一起祭山神。個人在附近打獵，如遇到不順的事，也有到山神像前訴說的。如某婦女婚後較長時間不孕，便到山神像前燃香默禱祈子。

白那恰是山神爺，供它是用一塊白布畫一隻虎，一個山神爺，兩側站著兩個小鬼。供在山嶺上木製的小廟裡。另一種簡便的供法是：將一棵高大的老樹，砍去一塊樹皮，在此畫個臉形，用紅布遮蓋。獵人路過這裡時，要給它裝煙、敬酒、叩頭，要用打到的獵物給它上供。還要將馬尾或馬鬃割下幾根繫在附近的樹上，出遠獵的更要供它。

鄂倫春族人最敬白那恰，逢年過節舉行家宴，長輩必用手指蘸酒，向上三彈，以示給白那恰敬酒。行罷此禮，自己方可飲第一口酒。無論在何種場合，人們用酒必先做給白那恰舉杯獻酒的表示，而後才能開飲。在鄂倫春族人的心目中，山裡的大小野獸，都是白那恰飼養和管理著的財產。如果它不恩賜於民，即使百發百中的獵手，也是一無所獲的。狩獵組的成員，必須把獵獲的第一隻野獸作為山神的供品。

獵人們遇到懸崖峭壁、深洞怪石，或參天大樹的地方，都認為是白那恰的

住處，因而每經其境，不敢喧嘩，以防打擾山神休息。為了求得山神的保佑，人們不僅在山端路旁積成金字塔形的石堆（俗稱敖包），以為祭壇，還要在剝去一塊皮層的大樹根部上，畫一老漢面形，敬為山神之像。

在山林地區生活的鄂倫春族人普遍祭祀山神白那恰。有的白那恰山神，是一幅水粉畫，畫面主體是一位面帶笑容的慈祥老人，他身著清朝服裝，端著茶杯坐在椅子上，兩邊侍立著童男童女，一個端著托盤，一個拿著酒杯。畫面正前方有一條狗，後面是長滿了樹的大山。意思是白那恰主管山中的動植物，是獵人最崇敬的神靈。他可以使獵人滿載而歸，也可以使獵人一無所獲，還可以使獵人免除或遭遇山中的各種災害。

鄂溫克族、達斡爾族獵民亦有同鄂倫春族人相近的祭山神儀式。

北方民族獵虎又敬虎的習俗反映了人類艱難的生存歷程。

二、山神爺之二——熊

熊也是獵人崇拜的山神爺。

在北方的狩獵民族鄂倫春族和鄂溫克族中，他們殺了熊，還要為其舉行隆重的葬禮。獵人打到熊歸來時，不直接說打著熊了。快到家門時，獵人嘴裡便發出「咔咔咔、咔咔、咔」的聲音來，老年人或家裡人聽到，就會喜出望外，知道是打著熊了。老人們便會含蓄地說：「是阿瑪哈（鄂倫春族語，大爺）、恩聶嘿（鄂倫春族語，大娘），親吻你一下啦？」獵人便回答：「阿瑪哈，喜歡我，親吻我啦。」這是說打著公熊了。

這樣獵手的左右鄰居、親朋好友、男女老少都歡聚在獵人家。男人們在外邊給熊開膛剖肚，但婦女們不能到熊的跟前指手畫腳，特別是孕婦不能靠前，更不許亂說亂動，否則會對嬰兒不利。

獵人有程序地開膛剖肚，把熊頭小心翼翼地放在一邊，然後請年紀大有威望有經驗的老年人做總指揮，指揮葬熊儀式。人們要準備兩個吊鍋，男女分開，分別煮肉。肉煮好後，總指揮發出「咔咔咔、咔咔、咔」的聲音，之後

說：「他大娘、嬸嬸、大嫂、姐姐、妹妹們，這是賞給你們的，從今以後不會碰上什麼難處，放心大膽地吃吧！」於是，總指揮用獵刀將熊肉割成一塊一塊的，遞給婦女們。婦女們喜笑顏開，有滋有味地吃開熊肉了。

鄂倫春族有個習俗，婦女只能吃熊的下半身和後脊背部的肉，男人吃熊的前半部的肉，包括四肢。吃肉時，總指揮把熊肉放在樺皮盆裡，然後大聲說：「咔咔咔、咔咔、咔，這是天神賞給我們的，大家好好地分享呢！『阿瑪哈』、『恩聶嘿』保護我們，不會咬傷我們的。」此時，男人們開懷暢飲，氣氛異常熱鬧。

吃熊頭肉時，人們格外小心，不能亂說亂動。首先把熊頭用鍋煮，然後圍坐分享。食完熊肉後要舉行葬熊儀式。將剩下的熊頭骨，有時也將其他熊骨一起用柳樹條或草包好，選擇河邊、半山腰或樹林中三棵樹交叉點上，將其放上，進行風葬；並禱告大爺、大娘保佑主人，不要回頭嚇唬人們，讓世間的人們平安、幸福地生活。

接著，人們在葬熊的地方唱葬熊歌，唱詞表達族人的歉意與祈願，曲調優美、動聽。如在大興安嶺十八站地區曾流行的祭熊歌大致是這樣：

<blockquote>

大爺，大娘，

你就要起程了，

到你那嚮往的陰間去。

是你喜歡我們，我們才成長，

我們要把你的白骨好好風葬，

時辰一到你就要走了。

快吃完你喜歡的螞蟻，

快收拾好你的樺樹林。

大爺，大娘，

你年年要讓我們見到你，

</blockquote>

你天天要愛護我們。

碰到女人、兒童不要咬傷他們，

碰到老年人要可憐他們。

你是動物神哪，

人人都怕被你吃掉，

千萬不要吃掉我們，

我們好好地風葬你。

大爺，大娘，

你不要降禍於我們，

你是善良的大爺，

你是好心的大娘，

你要多賜給我們獵物，

保佑我們幸福生活。

我們誤傷了你，

千萬不要怨恨我們。

你是興安嶺上的英雄，

腸子流出來還在施威。

鄂倫春族不敢提你的名，

你是我們民族的祖先，

應保佑兒孫們幸福。

請接受我們的厚禮，

帶給死去的祖先。

　　唱詞中充溢著對熊的恐懼和虔誠，如泣如訴地請罪，讚頌之辭反反覆覆，祈福禳災之心真誠至極。而且，在神歌中稱熊為「我們民族的祖先」，帶有圖騰崇拜的意味。直到二十世紀五〇年代初，人們還總是把熊頭骨放在選好的地

方，舉行這種儀式。

熊皮褥子總是放在窩棚裡的正中位置，婦女是不能亂踩、亂坐的，以保持它的「聖潔」。

這兒的獵人為什麼對熊這樣的虔誠？

傳說從前有一個善良賢惠的姑娘，被嫁到遙遠的地方。可她到婆家後特別受氣，她實在忍受不了這種折磨，她想反正是死，不如逃出這虎口，於是她離開這個家出逃了。她跑啊跑，不知走了多少路，衣服被刮破了，麂皮鞋底也磨穿了，後來一條大河擋住了去路，怎麼辦呢？不知不覺，她便在大河邊睡著了。突然她覺得有個毛乎乎的東西在她臉上手上碰來碰去，她睜眼一看，是一隻黑熊在眼前站著，把她嚇壞了，心想：「完了，非讓這黑熊禍害了不可。」可是這只黑熊趴下來，並沒有傷害她的意思，而總是把一隻前爪向前伸，一直伸到女人的面前。這女人才注意到是熊的前肢爪子上扎個很大的木刺。女人馬上給它拔出了刺。刺被拔掉，黑熊站了起來，像個小孩似的高興地扭身晃腦地走了。不一會兒，黑熊給她銜來了野豬、麂子等獵物，使女人美餐一頓。之後，黑熊又馱著女人過了河，並一直伴隨著她，不時，還送來各種食物，一直送她安全到家為止。

還有一個傳說，說在很早以前，有一個中年鄂倫春族婦女，右手戴著紅手鐲到深山密林裡去採集野菜、野果，回來時因天黑迷失了方向，從此就變成了熊。過了許多年以後，一天，這個婦女的丈夫進山打獵，看見一隻熊正在吃都柿，瞄準一槍把它打死了。可在剝熊皮時獵刀在前肢上怎麼也插不過去，仔細一看，那上面戴著個紅手鐲，正是他妻子的。從此，熊就被認為是人變成的。

鄂溫克族人的傳說中，熊原來是人，因犯了錯誤，上天讓他用四條腿走路而變了獸，但它仍通人性。以上見關小雲、王宏剛的《鄂倫春族薩滿教調查》。

北方狩獵民族對熊的崇拜反映了早期狩獵工具和方式的落後，獵熊時往往會受到傷亡，所以他們一方面獵熊同時又希望自己能獲得平安；但獵人很聰

明，祭熊又說熊從前對人有恩，反映了人類自身的道德觀念，這是人與自然物的重要區別。這種對熊的崇拜其實是同對虎的崇拜的意義相一致的。

三、鹿　神

北方的狩獵民族還有崇拜鹿神的習俗，據黃任遠先生的考察與研究，赫哲族的獵人每逢三月三（舊曆）就跳鹿神舞，九月九，過鹿神節。

他們的民間歌謠中唱道：

> 三月三，跳鹿神，
>
> 九月九，鹿神節。

說起過鹿神節，有這麼一個來歷。

傳說很久以前，在三江口住著一戶老獵戶，有一年秋天，獵人和兒子進山打獵，留下老太婆在家。一天晚上，從窗外伸進一隻老虎爪，爪上紮了一根木刺。老太太一看，明白了老虎的意思，上前用牙咬住木刺拔了出來。老虎叫了幾聲走了。

以後，老虎常來這家串門，在門口給扔只麅子和野鹿、野豬什麼的。獵人回來聽說後，為了感謝虎神，帶了酒和吃的去山裡找虎神，可是沒有找到。他就將食物放在地上祭供，給虎神敬了三杯酒，倒在地上，自己打獵去了。這天，十分順利，打到了許多獵物。他回來跟村裡人一說，大家都說是虎神保佑的結果。從此就有了祭虎神的習俗，因為祭虎神，全村人跳起了鹿神舞蹈，所以又叫鹿神節。

其實這是祭虎神的一種圖騰節日，而村裡的人跳鹿舞，過鹿神節，是企望把自己比成鹿，送給勇敢又慈祥的虎神，以便讓它給族人們帶來更多的獵物，能打到更多的野獸。

人們對虎神的崇拜意識反映了人們在狩獵生活中對自然的認識。在大自然

中，巨大凶猛的野獸往往吃掉小獸，而弱獸不得不巧妙地戰勝大的野獸，從而維持自己的生存。這種跳鹿舞、過鹿節而祭虎神的活動，其實是反映了赫哲族獵人真實的狩獵實踐，是他們戰勝自然的聰明之舉，也反映了獵人由開初的單一思維向多向思維形態進化的一種生存形態，是珍貴的原始狩獵文化的遺存。

四、獵　神

在北方的狩獵民族中，人們還崇拜著一種獵神，著名的民俗文化研究專家王肯先生蒐集的一則資料表明，這個獵神是存在的。

據說從前有一個獵手，箭法特別准，也特別好說大話。

有一天，他在山裡遇到一位白髮老人。

白髮老人問：「聽說你箭法好？」

獵手答：「比我再好的沒見過。」

白髮老人問：「聽說你打野獸打得最多？」

獵手說：「打不著的時候沒有過。」

白髮老人說：「好，我們比賽吧。九天你能打著一隻野獸，就算你勝了！」

獵手說：「好吧！我跟任何人比賽，從沒輸過！」

那位白髮老人也不和獵人爭講，笑一笑，轉身走了。獵手也沒把比賽當回事兒，一天也不慌，兩天也不忙，他想這正是秋天，野獸又多，箭法又准，閉著眼睛也能射中幾個。可是到第三天，睜眼一看，滿山滿嶺都是野獸的腳蹤，可就是一隻野獸也見不到。四天五天過去了，連個狍的影子也沒有；六天七天又過去了，連個鹿的影子也沒見著；八天九天也過去了，連只小兔也不見，天黑了，獵人餓昏了。十天頭上，他餓得只剩一口氣了，呼哧、呼哧地喘呀喘呀，眼看要斷了這口氣，突然跑來一個小麅子，獵手一箭射中了，生上火，大口大口地吃著烤麅子肉……他吃得正香，忽聽「哈哈哈」一陣大笑，那位白髮老人來到身旁。

白髮老人說：「你的箭法真準啊！」

獵手的臉羞得像要落山的日頭，一句話也不說了。

白髮老人說：「我們獵人，本事要大，話不要大。大話也會害死人，我看你餓得可憐，才讓你打中一個小麅子……」白髮老人說完這番話，一眨眼就不見了。

獵手把白髮老人的影像刻在大樹上，從此拜他為獵神。

如此看來，這個獵神不是別人，恰恰是獵人自己，是獵人蘊含在心底的一種精神和對自己生存形態的具體認識。在漢民族的狩獵習俗之中，這個「獵神」也往往存在，那就是獵人在上山或出圍前或途中，堅決不許「吹牛」和「說大話」，如果誰這樣了，一定會遭報應。

而這則關於獵神的傳說中的白髮老人卻讓說大話吹牛的獵人最終還是打到了一個小麅子，足見北方獵神對獵人的寬容。

獵神的行為，讓人感到親切，這便說明了這個獵神其實就是獵人身邊最善良和最有狩獵經驗的狩獵老人，他們是用這樣的故事來啟發和教育年輕的獵手，在與殘酷的大自然的搏鬥中，且不可放鬆絲毫警惕。獵神的形象和獵神故事的產生，充分反映了北方狩獵歷史的久遠。

除此而外，王宏剛、關小雲專家提供的資料表明鄂倫春族還崇拜「無頭神」。據說無頭神，鄂倫春族名字叫「米勒墊」，意為大肩膀無頭。傳說無頭神「米勒墊」個子高大，力大無邊。雖然無頭，卻能說話，眼睛在胸部兩側，有千里眼順風耳的能力。

米勒墊也和獵人一樣上山打獵，平時，他手持一頭大、一頭小的木棍（像手榴彈），看到動物就投擲過去，而且能打殺各種飛禽走獸。由於他飯量大，一隻麅子不夠他填飽肚皮的，一隻麅子下肚，米勒墊卻說：「太小了，不夠我吃的。」於是，米勒墊拿起一塊肩胛，連骨頭帶肉塞進自己的食道裡，不一會兒，把骨頭吐出來了，他專吃生肉。獵人眼睜睜地瞅著，感到奇怪，米勒墊無頭、無牙齒，卻吃得這麼快，這麼乾淨。

打那以後，「米勒墊」無頭神的本事很快傳出來了，人們也很崇敬他。

　　狩獵民族的一切崇拜既複雜又簡潔，神靈崇拜的名詞和對象幾乎包括所有動物、植物，可是他們的目的和出發點卻明確地表述為戰勝自然，生存下去，這是一種最為不朽的主題。在狩獵工具不發達的從前，人類是在用生命譜寫著與自然搏鬥的悲壯，這是人生命本身的悲壯，苦難的生活單調又緩慢，流傳下來許許多多如此豐富的故事和傳說，是多少人多少世代在實踐著這一主旨的結果。如果說意義的話，原始遺存下來的一切觀念和文化都有保留意義，因為人類可以從這些狩獵民族的宗教崇拜文化中認識人類自己從小到大的生存過程。

　　人類崇拜野獸的意義在於地球上動物眾多，人們在自然環境中生存是十分危險的，人們崇拜它們是人們認識它們和它們斗的結果，人們在懼怕中生存，人們又希望得到保護，這就是人對動物崇拜的全部意義。人們所崇拜的諸多動物神，獵人們也是不輕易殺傷它們的，而往往是躲著它們走，除非迫不得已時，而一旦殺了它，人在吃時又舉行種種隆重的祭葬儀式，反映了人們既懼怕又希望得到保護的心理，因為北方的狩獵民族都把自己崇拜的獵物視為崇高和神聖的對象，這其中也已賦予了獵人自己的人格。

▋馴獵狗

狩獵，不能沒有狗。

狗是獵人的眼睛，又是獵人的心靈。好的獵狗往往和獵人同生共死。

可是要培養出一條像樣的獵狗，又談何容易。獵人必須有耐心，並要付出極大的精力才行。

要得到一條好的獵狗，首先必須遵循以下的一些步驟和原則。

一、尋　種

好的獵狗，往往遺傳。

所以好的獵人首先要四處打聽、踅摸，找一找適合自己的有好狗的人家，要種。

獵狗講究要，不講究買。

好的獵狗叫「來回盆」，是指這種狗已經經過好幾代的傳宗接代，具備了一個獵狗的「資格」。

比如，東北平原上的老獵手馬雲祥，他的獵狗是遠近出名的，他使的獵狗黑背，凶猛到什麼程度呢？這麼說吧，一般的人是進不了院的。

當然，狗也會看主人，主人對其好，它也好，但它不輕易信。當有人來時，它往往是抬頭思索一會兒，然後再決定是否咬你。

好獵手要選出名的獵手家的上等獵狗的崽子，要來一個，往往是生下二十五天左右的小狗，才能抱回來。早了，它不知吃什麼，容易餓著；晚了，它已在主人家熟悉了，別人不好「教」，必須二十五天左右。

開始抱回來時，小狗想母親（老狗），光叫，不吃食。這時，獵人要會「挑餵」。

挑餵是這樣，因狗小，剛一來發生，想母狗想家不吃食，要把粥或奶米粉

做成稀粥，盛在盤子一類的容器上，把小狗的頭按在粥裡讓食物沾在它的頭上、嘴上，這樣它才知道吃。挑餵也叫挑食。

當小獵狗抱來一個月左右，要給它起名字。

名字起早了，它不認，起晚了，它容易記住別的什麼，對自己的名字反而不熟悉；一定要在到獵人手裡的一個月左右時間起。

開始給它起的名字它不懂。

這時獵人要認真，用一個什麼「動作」，或者獵人嘴裡發出一種「嘎」「咔」的聲音，於是它便知道了這是在叫它……

吃食時，一發出這個聲音，就端食來。

喝水時，一發出這個聲音，就端水來。

這樣，這種聲音（也就是喚它的名字），就讓它熟悉，並記住了。這是一個簡潔又複雜的過程，要耐心，又不能拖拉。起名階段，外人不要參與，別「攪亂」了。

從抱到獵人身邊的四個月之中，不要馴，只要耐心照顧，不死就行了。因為這時的小狗必然有一場重病，不然「不省心」，馴也白馴。省心，指小狗病後，經過調治，它便能記住「世事」，有了「記性」。這是一種必然的過程。

從好的獵人家要小狗的時候一定要會觀狗的形，就是直觀地去發現它屬於狩獵形。如果狗腿總彎曲，這是缺鈣；如果「腚朴」，就是腿往外拐，這樣的狗襠口寬，屬於是純的上代母親本。

尋找好獵狗要往上「盤」三代。

盤，就是盤查、尋問。獵人俗話說，好狗三代不離老家根，就是這個意思。

襠口寬，這是好狗。襠寬水門大，好生育配種，而且跑得也很快，凶狠。

好的獵狗是「裡抱蹄」，虎背熊腰，膀前寬腰細，必定有力。

好的獵狗一定擅戰願跑，願鬥願咬。這是指獵狗喜動好靜。該動則動，該靜則靜；主人不指，它就不動。

好的獵狗還有一個最大的特點，叫誰牽跟誰走，這是因為它和對方的「狗」認識，所以跟了。如果你不是獵手，沒有狗，它不跟。這些重要的事情都要在抱要小狗階段來完成。接下來便是給狗「吃藥」。

二、吃　藥

吃藥階段，是培養獵狗的重要階段。

抱來小狗一個月或一個半月之間，要開始給小狗吃藥。吃藥主要是吃「去蟲藥」。因狗生下來天然肚子裡有蟲子（這是從母狗身上帶來的，必須「打」下來）。

吃過藥不久，小狗就會便下一團一團的蟲子，過個一兩個星期，再吃，再清蟲；第二次便下後，再過一個星期，再「清」一下子。一次比一次少，最後清乾淨了。

給狗餵藥時開始它不懂，要先把它抓過來，把嗓子一捏，吐口唾沫，把藥片放在唾沫上，再一鬆手，唾沫回去，藥片也跟進去了，於是順順利利地吃了藥。

除了吃清蟲藥，還有各種關鍵的藥。

獵人要善於觀察，腿怎麼樣，缺不缺鈣。

如果是細狗，不要餵油水大的食物，肉一定要高溫後餵狗，堅持餵好四個多月左右時間才能「定底」。

打下蟲子的一個多月後，或兩個多月，也還要用「零藥」來溜它。吃常了，它自己有癮了，不給它都要。到三個半月，它的四條腿很關鍵，一定要注意發育如何。因為狗的能力全在腿上。同時要注意牙。

牙是好獵狗的看家本事。

四個月左右，發育好的獵狗開始掉牙了，前兩顆門牙先掉，然後長出又尖又硬的新口牙；發育不好的獵狗，四五個月老牙還不掉。

掉牙期，也是狗的生病期，這時一定注意用藥溜著，才能使病情轉安。掉

牙期和長牙期，又要讓它去打野食。

　　所說的「打野食」，是指讓獵狗到野外的冰天雪地裡去啃骨頭。馴它的野性和耐寒能力、奔跑和尋物本領。

　　這時又要注意它的拉屎。

　　此時如果它拉紅痢疾，就是好事；如果不拉，你就會發現它的嘴漸漸發毒，起一圈兒小白泡毒刺，幾天的工夫就完了。

　　拉屎其實是拉它體內的毒，不拉出來就會擴散到它全身的各個部位。

　　五個月左右，獵狗的「鋒牙」長滿了，這時，它的病也過去了。獵狗長牙和生病一起進行。在六個月左右，它的鋒牙就占住了。這時，獵人開始觀察狗的總體形態，如果來了人，它上去就扒人，給東西就吃，這都不是好習慣；如果來了人，躲，咬人，齜牙，這說明它的「靈敏」，這都是正常的好習慣。

　　這時，真正的「開馴」才開始了。

三、開　馴

　　開馴，是指獵人要開始他傾注畢生的心血馴狗的重要階段。

　　馴出一條好狗，等於獵人獲得了一個新的生命，這是千真萬確的事情。

　　首先，要給它「聽聲」。獵人喊一聲：「奔兒嘍！」它要耳朵一支棱，立刻叫一聲，奔上來；獵人打一聲口哨，它要會跟著叫一聲。

　　這時另一個關鍵的問題是要重新給它起名，必須起個新的名字。因為從小給它起的名，由於誰都叫，容易叫混，分散獵狗的精力和注意力；而重新起的名字，「丟」不了，只掌握在獵人自己的手裡。

　　起新名，先用食物引誘它。

　　比如你給它起個名叫「小劉」，你一叫，它來了，你一定要打它。狗往往是越打越親，心軟不行，不打不行，但要講究打法。

　　小的時候，打它它不懂事，大的時候，打它它會忌恨在心，所以得用特殊的方式去打它，打它讓它親你，打它要讓它知道是馴它，為了它好。這也是獵

人的責任。一個好的獵手，能把它生存的知識經過打來傳給自己的獵狗。這是獵手的素質和品德，不然你就是個懶怠的不稱職的獵手。

如起名時的「打法」——

拿一塊食物，叫它；它一吃，就打它，於是它不敢吃；但它的心中想，這是怎麼回事呢？這時再叫，如「伊力——！」它來了，不吃；再叫，它明白了，這時獵人要用手親暱地摩挲它的毛，一會兒，它明白了「這是吃……」

過幾天，一叫「伊力！」它來了，這時再叫它從前的小名，如「小劉」什麼的，它一吃，一打；一吃，一打；直到你再叫從前的名，它不理會了；因為它知道它一來就挨打，於是一點點地，它便忘掉從前的名了。

這是個機智的過程。

不少人不知怎麼回事，怎麼喊它從前的名字，它理也不理呢？其實這恰恰是獵人的高明不是狗的變化。

而同時，獵人自己掌握的「新名」卻由於獵人的呼喚，在它的心中一點點固定下來了。一個不能給狗校正名字的獵手，將永遠不是一個好獵手。

接下來是訓練「記號」。

記號，其實是獵人與獵狗之間的「暗語」，或者說是他們之間的語言。比如他和狗之間定下一種動作行為代表什麼，主人知道；一種特殊的暗號，主人掌握，而別人是不知道的。

如吃食時，主人一喊「伊力——！」把一個東西放在地上。一叫，它來了；來了，看見地上的食物，吃上了。這時，它知道是叫它來，伊力是它，而且這是主人讓他吃東西。

而同一個動作，同一個召喚，地上也放一個東西，它一來，一吃，就打它，它躲開。於是它知道了，這是讓它來，只看看，不吃。於是又叫它，它來了，可是不吃地上的東西。

過了一會兒，再把地上的東西放起來。

再給它一個動作，或發出一種聲音，它於是把這個東西找出來吃了；再過

一會兒，又喚來，又不讓它動，如此反覆。

這種時候，狗已經知道獵人給它起的新名是什麼，知道「伊力」就是它，並且知道什麼聲音、什麼動作，是讓它吃，或不讓它吃。這時，獵人要開始下一步的訓練。

如把食物放在地上，獵人要躲起來，或進屋偷偷地在門縫往外觀察。它一看四外沒人，一動食物，主人發出一個聲音，它又不敢了。這樣的訓練是讓它知道四外都有主人的眼睛，訓練它的記性，牢牢地聽主人的旨意，不許它有僥倖的心理。

接下來是讓別人來餵牠。

如果別人給它東西，它一吃，就打它。這樣，以後別人再扔什麼，它也不吃，而且立刻跑回來。於是從這時開始，獵狗已經達到了主人叫它來，主人給它吃；別人叫，它不來；別人給東西，它不吃；主人不給「暗號」，它不吃。它只聽一個人的話，就是「主人」的話，這個階段已經完成了。

這個時間，已到了八九個月了。

這時，狗開始「出快」了。

出快，指狗總想奔跑。

一般的情況下，母狗當年出快；牙狗兩年後才出快。出快也指「撞場」或「出圍」，而這是一個重要的真正的訓練階段。

四、出　圍

開始，狗也不知道是去打圍（打獵），跟上主人就走了。

這時千萬要注意，一定別叫狗咬「哨」了，就是「吃虧了」，如當主人領著時，別的狗一咬它，它一跑，完了；所有的訓練都白搭了，把它從前的威風都嚇跑了，從此它什麼都怕，就徹底白馴了。

這種時候，主人一定要時刻照顧它。

而且，頭一次出圍，要找好的朋友，也就是高明的獵手，人家的狗也好，

一條或兩條，讓自己的狗混在它們中間，「帶一帶」自己的狗。這時，因為互相的狗知道自己主人的關係好，它們之間也好，就團結，而好的獵手的狗的「本領」也能傳給新獵狗了。

讓好狗帶這個「狗」，兩個帶一個。這也是恩情。當初人家幫我帶過狗，以後不能忘了人家的帶狗情義。因為人家把精力用在了帶你的狗上了，自己打的獵物必然要少。

這是獵人間的一種品質。

獵人與獵人之間從來不計較這些事。甚至一些老獵人常常對馴狗的獵人說：「等你馴好了讓我的狗帶一帶！」

「中啊！」

「誰跟誰！」

於是，二人從此更親。

新狗讓好狗帶，首先練的是「扛跑」和「扛咬」，稱為「二扛」。這二扛又是一個優質獵狗所必須具備的本事。

老狗有「二抗」的重要本事，新狗一上山出圍，它撞不上獵物，先跟著學，就是別的狗撞，它也學著撞。如「見物」，這要求獵手要掌握好讓狗「見物」的程度和距離。看見獵物了，獵人的心裡要有數，心中量一量，獵狗是否可以撞上，這時往往是人和狗平推，如果獵物離著太遠，就別放狗去撞了，不然一撞撞不上，狗從此容易灰心；二是撞不上反而把獵物撞走了，於是獵狗從此以後就不抓獵物，它以為撞跑了就行呢。

一般的情況下是這樣：

大狗距獵物二里地，開撞。

小狗距獵物五十米，開撞。

撞兔子時要注意，一定要注意在兔子往起一跳，在空中「定」個型，這時獵人在心中迅速量好了距離，並讓狗也看清兔子在懸空，然後再發出「突」撞的號令，讓狗撞兔。

民間的狩獵諺語常說：

狼精，狐狸怪，

頂數兔子跑得快。

　　這就是對各種動物不同特性的總結。狐狸跑是馬拉松式的，往往是你快它也快，你慢它也慢。如果二里地還追不上它的話，那麼再追四十里也是它，而狐狸往往喜「上冰」，專門走冰河，這樣一來可以擺脫獵狗的追擊。

　　兔子不一樣，獵狗一見兔子，一溜煙兒沒影了，往往是二十八秒後准跑沒影兒了。在大平甸子上，查十個數就跑沒影兒了。

　　如果兩條狗追狐狸，追上了，兩條狗咬狐狸是對的，可有時小狗不敢上。這是一開始，它只是圍著它。這也好。

　　這是讓小狗見識見識。

　　大狗在拚命咬，小狗只要敢圍就行。

　　小獵狗一旦敢圍，就說明它是有殺心的。

　　它眼睜睜地觀看大狗如何咬死狐狸，這時它的膽子在心裡一點點生成了。而小狗這時也是在等著主人……

　　好的獵狗當放倒獵物時，它看守在一旁，不讓任何人或狗靠前。這叫「傻柱子」精神，專等主人前來，表揚它，讚美它，這樣的獵狗是好獵狗。好的獵狗是「看人」，看誰？一看外人；二看主人。

　　看外人，它是記住了，除了主人之外，它誰也不屬於。從前馬雲祥的一條獵狗叫「傻子」，傻子從前在許多人面前表演過。有一回，主人讓它「看人」，把一幫獵手都集中到一個火炕上，然後說：「傻子！看住他們！」

　　傻子叫了一聲，點點頭。

　　於是，主人馬雲祥故意走了出去。

　　這時，傻子坐在地當中，揚起頭瞅著火炕上的二三十人，只要誰膽敢動一

動，它上去就咬，嚇得大夥誰也不敢動一動。

就是有人大喘氣，笑一笑，也不行。

如果有人膽敢和主人說話聲音稍微大了一點兒，它立刻就咬對方。

好獵狗的第二個特點是聽主人的話。

主人不發話，它永遠守在那裡，不解除對看守之人的戒備狀態。馬雲祥曾經做過一次特殊的試驗。

有一回，他故意把「傻子」賣出去了，賣給一個足有一百五十多里地遠的一個老趙家。可是，傻子到了老趙家，當天晚上就咬破了裝它的麻袋，又奔跑了三天，跑回來了。這三天當中，它一口食也不吃，因為主人告訴它，不許吃別人的東西。到了家，進了院，馬雲祥摟住「傻子」的脖子，感動得直掉眼淚。傻子一口氣吃了一堆大餅子。它是餓瘋了！

好獵狗最會看主人的眼色、分析主人的臉色、說話的語氣，等等。

訓練獵狗如何狩獵，要在實地狩獵時進行。如主人讓獵狗追趕獵物，咬倒了獵物，狗先不咬死它，而是用爪子按著，這時主人到了。

主人上前踢一腳獵物，只要獵物一動，它就咬一下獵物，然後瞅瞅主人；主人一示意，它咬一口，一示意，它就咬一口，從此它就學會了「看守」獵物並知道怎樣咬死它。

不能讓獵狗玩「哨了」，要讓它一開始就膽大、不懼怕生死，不然容易讓狐狸給咬壞狗鼻子。狐狸一碰狗的鼻子，狗就會淌眼淚，於是什麼也看不清了。

狗經常出去打獵，它自己也有癮。

天一下雪，就得走。

天一下雪，好的獵狗往往「吱吱」地叫喚，意思是說：「走吧！走吧！天已經落雪了！」

這是好獵狗。它已願意去打獵、追擊，而且已有了癮。

狩獵出門要選三、六、九。據說這樣的日子吉利。所以出獵前獵人往往要

問：「初幾？」

大夥說：「初三。」

於是炮頭說：「行。三、六、九能看物！」這「看物」，就是指能打著野獸。

五、玩邪的

馴出一條好的獵狗，要付出艱辛的努力，這是獵人都明白的道理，但要馴好，又得精通「狗道」，就是狗的特性。不然不行。

首先要會「狗咬狗」。

狗咬狗，不是社會上的生活名詞指人與人之間都不怎麼樣，互相指桑罵槐，而是指訓練獵狗的一種方式方法。說白了就是「逼狗」。

開獵前，先要把狗領到甸子上去尋找發洩的「對象」，往往是野狗。到了甸子上，如果看見了野狗，獵人一定要指揮著喊：「上——！」這時，自己的獵狗要猛撲上去，咬死對方才好。這叫「拿威」。

拿威是訓練獵狗日後凶不凶狠不狠的最重要階段，一定要不惜一切代價，讓獵狗學會拿威。

如果碰不上野狗，就用物來練。

物，往往是獵人買來的雞之類，放到甸子上，然後獵人放出狗去，讓獵狗去追、去攆，然後狠狠地咬死它。

還要集馴，就是讓自己的狗戰勝別人的狗，但這種訓練要巧，往往是獵人故意安排的。比如甸子上來了收狗的（買狗）往往是哪個飯店要買的，就問對方：

「殺不殺？」

「殺。」

「過來，讓我們練一練狗吧！」於是，給對方點錢，對方就會把狗放出來。這時獵人指使自己的狗，說：「上——！往死裡咬——！」這時，獵狗便

會紅了眼，撲上去猛咬，直到將對方咬死。

　　但有時，獵狗反而咬不過人家的狗，這時主人要幫自己的獵狗，就是把要死的狗掉過來，使它回不了頭，然後讓自己的狗動口，獵狗找到了便宜了，於是從此它會更加厲害起來，並且知道咬對方的什麼部位。

　　這叫「出咬」。

　　出咬的日子裡，獵狗往往咬紅了眼，見什麼都咬，咬得屯子裡大人小孩都心驚膽顫不敢靠前。大人往往看住自家的孩子說：「別出門，老馬家獵狗正出咬呢！」而這時獵人要多加注意，別讓它傷了屯鄰和家畜。

　　出咬是為了讓自己的獵狗「不吃虧」。

　　有一回，馬雲祥的「傻子」正是「出咬」階段，松江的一個獵手帶了七八條獵狗，也是「出咬」階段，雙方碰上了，這叫作賊遇上打槓子的了。當時，他的「傻子」挨個「克」（ké），傻子眼睛都藍了，最後，把對方的七八條狗全「克」倒了。

六、抓飛禽

　　獵狗在學會追咬地上的獵物後，還要培養它學會抓一些飛禽，但這要從學會抓會飛的家雞開始。

　　在從前，馬雲祥炮手家這兒有個養雞場，正在他的獵狗「出咬」階段，一次他去辦事，雞場的一個人正在做飯，殺雞燉肉。那人抓了一隻雞，一扭脖子，雞屁股裡掉下一個蛋來。

　　他看著心疼，就說：「換一隻吧！」

　　那人說：「不換。」

　　「多可憐！」

　　「這樣的香。」

　　「你這個人哪！」

　　「咋地？就吃這隻雞！」

好吧，馬雲祥心裡生氣了。於是，他決定讓獵狗抓雞。

他先買來一隻撲鴿子，把它的一隻膀子「打」下來（使之受傷），飛不起來，不平衡，於是來到甸子上。

走時，先把鴿子放背包裡，先不讓狗看見，等到了甸子上，獵人要突然掏出鴿子往空中一揚，它飛一會兒，就落下了，在地上撲騰，這時獵狗見了，就用爪子撲，於是獵人就用條子打撲鴿子。獵人一打，獵狗就氣得上去一口咬住撲鴿子，並「含」在嘴裡，但還不敢「咬」。於是獵人喊：「傻子！過來！」摸摸它的頭，以示表揚。

於是獵人再把撲鴿子拿起來，往空中再一拋，獵狗一下子奔上去，再把它叼回來。

這樣一來二去，它就知道什麼口令、眼神是讓它抓飛禽，咬飛禽，咬死飛禽，等等。

這時要注意，對獵狗發令要盡量溫和一些、小點兒聲，讓獵狗掌握獵人的心理。

就這一隻撲鴿子，叼回來，扔出去，扔出去，叼回來。撲鴿子都被咬爛了，獵狗的性被練成了。

接下來，獵人領它上了獵場。那時，正是頭一場雪剛下，在一片甸子上有一群野雞，足有二百多隻。獵人一聲令下，「傻子」飛奔而去，當時就咬死十二隻。

後來，馬雲祥又狠狠地報復了那家養雞場的主人。一天，「傻子」趁他餵雞，竄進了場子裡，當時咬死一片雞，而餵雞的竟然沒看清是什麼進來了，以為是荒野上的狼。

出了氣，也就行了。獵人不能害屯鄰，從此「傻子」走上了真正狩獵的道路。

七、拼　死

　　獵狗經過了以上過程的訓練，它已有了一種真正獵狗的威風，那就是拼死，主要是拼死去追剿獵物，拼死完成主人的命令。

　　有一年冬天，馬雲祥他們四伙獵人，帶著七條狗去出圍打獵。

　　那年的雪特別大，北方荒茫的大甸子上，除了荒蒿稈子就是雪壩子，人一走上去，腳直往下邊沉。

　　太陽照在雪原上，讓人有點兒睜不開眼睛。

　　下午的時候，四伙獵人來到了一個叫「大壩」的地方，大夥發現了地上狐狸的腳印兒。

　　俗話常說，打圍人不走「人道」，意思是他們專揀邊邊拉拉、坑坑坎坎的地方走，因為野獸往往也是這樣。為了追野獸，他們也得這樣。這條狐狸道，正是在大坎的底下，這兒又窩風又肅靜。獵人們也都跳下大坎，緊貼著大坎子。

　　打圍是這樣，每當發現了「蹤」（野獸的腳印），如果是一夥人，就要分成兩半，一上一下；如果是兩伙，也要分成上坎子一夥下坎子一夥。而這時，他們是四伙中有三伙人要求在坎底下貼著壩子走，道好走，又沒有風刺眼睛。

　　只有馬雲祥這伙領著狗到上面去。

　　這時，傻子彷彿知道「有情況」，一聲不吭地貼著馬雲祥的腿走。前面不遠，有一個大「坑」，馬雲祥一比畫，傻子知道「有物」，一下子躥上去了……

　　可是到那一看，「物」沒了。撲空了。

　　原來這隻狐狸相當狡猾了，一看有獵人來了，它趴在地上爬著出了坑，然後撒腿往南跑去了。

　　當大夥都走到這兒時，就看見遠遠的雪原上，那狐狸一跳一跳地正跑呢，而且還不斷地回頭看他們，「逗」他們。獵人和狗都氣得夠嗆，可是知道攆不上它。

又相持著追了一會兒，太陽快落山了。

大夥商量：「回去吧。」

在往回返時，這只狡猾的狐狸反而「逗」獵人來了。獵人往回走，它也往回走；獵人追它，它再往野外跑。

傻子看著看著，急得直哼哼，一勁兒拿眼睛瞅馬雲祥，意思是：你說咋辦吧！是死是活發個令吧！我今天不抓住它就會氣死啦……

在從前，看一個獵人誰「尿性」（能耐）看啥？看狗；說獵人英雄，其實是狗英雄。事情都到這個份上了，再不讓狗出擊一下，狗會減少了許多勇氣，而且也生獵人的氣，認為獵人無能，今後也不會好好上獵場的。

於是，大夥研究一下，都按馬雲祥說的辦，大夥先假裝往野甸子上走，果然，狐狸又掉過頭，往甸子裡的屯子方向跑。

這時，馬雲祥發令了：「撞——！」

只聽「忽」的一聲，七條獵狗同時箭打似的躥了出去，轉眼間，雪原上掀起了一場白色的雪霧，眼前什麼也看不見了。

這時，馬雲祥他們又掉回頭再往屯裡走。

可是，約有兩袋煙的工夫，別的獵狗一個個喘著粗氣，都回來了，就是不見傻子影，是它自己追上去了……

大夥說：「咋辦？」

馬雲祥說：「不咋辦。」

大夥說：「我們的狗撞累了！」

馬雲祥說：「累了就回去吧！」

「那傻子呢？」

「不用管它。」

於是，大夥還是一齊往屯子裡走。

進了屯，天已完全黑下來了。見到幾個人，馬雲祥問：「見沒見著狗咬狐狸？」

大夥說：「看見了。」

馬雲祥急忙往前跑，到了屯頭的土道上，只見自己的傻子滿嘴滿眼是血，血把它的視線都迷上了，可是，它的爪子底下死死地按著一隻老狐狸，這是北方平原上的那種出名的火狐狸。

許多人圍著看，可是誰也不敢靠前，一靠前，傻子就哼哼。

等馬雲祥到了，他一下子撲上去，親熱地摟住了傻子的脖子，用自己的臉貼著心愛的獵狗淌血的臉，感動得落下淚來。

……

這就是一條馴好的獵狗的真實故事，而馬雲祥也成了北方馴獵狗出了名的能手，他的名字傳遍了四面八方。

從民間遊戲看狩獵民族的久遠歷史

　　人們日常遊戲和娛樂的事項很多，但每一項都同他們的生產和生活內容有關，其實某種娛樂和遊戲的形成過程本身都帶有著一方水土一方民眾的獨特的經歷，同時也是這塊土地上文化的結晶。

　　娛樂文化最能反映一個民族的喜好和人的心境，娛樂的方式和遊戲的形式亦能表達一個人和一個民族坎坷的經歷和悲壯的歷程，比如通常人們知道的馬拉松比賽就是來自於一個勇敢的民族衛士為把勝利的信息傳送給自己的同胞而貢獻出了自己生命的故事。關東人的日常娛樂也正是深深地記載著這兒的民族頑強生存、創造歷史的艱難經歷，透著這一方一土民眾那智慧的思考和愛憎。從前，人們不曾注意到民間遊戲中所蘊藏著的重要的人文背景和內容，事實上當人們一旦注意到作為文化背景所描述的這種娛樂和遊戲，人們將會更加熱愛這些活動，而從廣義上講也將會去熱愛著人類創造的所有文化和娛樂項目，因為世間的一切智慧的結晶都是人類自己用血汗創造出來的。

　　在東北民間的土風怪俗裡，有一句叫作「閒來無事撒骨頭塊兒」。

　　這在一般人的想像中實在是不能理解，骨頭，是活的有生命之物身上有的東西，而人們玩骨頭塊兒，這是必須要殺傷對方，置於死地，取下骨頭，方能夠「玩」它。玩他（她）們的骨頭，這將是怎樣的一個民族呢？

　　而其實，這「閒來無事撒骨頭塊兒」是說北方狩獵民族男男女女、老老少少在閒暇時，把骨頭放在炕上擺弄著玩；而這骨頭不是別的，正是動物的「嘎拉哈」；撒骨頭塊兒就是關東民間的「撒嘎拉哈」遊戲。嘎拉哈是北方民族喜歡玩的一種炕頭遊戲。嘎拉哈是動物腿和脛骨相連處的一塊骨頭，由於四面形狀不一樣，凸面為「肚」，凹面為「殼」，側面有坑為「正」，反之為「驢」。各地的叫法也不盡相同，但玩法大同小異。常見的是豬嘎拉哈，民間還有羊嘎拉哈、熊嘎拉哈等。

這樣一看，真是閒來無事撒嘎拉哈玩，初一聽「玩骨頭塊兒」似覺十分驚奇，哪有這樣的民族，太可怕了，但只有當我們全面地瞭解了這個民族的文化和歷史後，才能對其民族的傳統文化有一個正確的瞭解。其實這種遊戲和這種風俗只不過真實地記載了滿族、蒙古族、達斡爾族、鄂溫克族、錫伯族、鄂倫春族等民族尚武和狩獵民族的歷史，屬於北方遊獵民族的一種文化形態。

　　留存和擺弄動物骨塊來源於原始時期的圖騰崇拜和宗教信奉。古人有佩戴骨質珮飾的習俗，這在一定程度上反映了人類蠻荒時代那種茹毛飲血的生活特徵。據《滿族薩滿教研究》（富育光、孟慧英）載，古時的大薩滿在祭祀時往往披上一件與眾不同的「神聖骨袍」，骨袍上所選用骨頭塊大小不一，有虎、豹、鹿、獐、野豬、狼、刺蝟、蛇、魚、鳥類骨，甚至還有人骨等。而每種動物的骨質又各有不同的神聖作用。豬牙象徵勇敢，鹿角象徵長壽，獐骨能驅趕妖魔。而且大薩滿的一件「骨袍」可世代相傳，代代添置。故而年代越久遠骨飾越多，有些名門望族大姓薩滿的骨袍已重達百餘斤。

　　中國北方以原始漁獵生產為主的諸多民族都有「骨飾」的習慣。這表明他們征服了野獸和殘酷的大自然，是他們苦難經歷的歷史記載。骨飾文化是重要的民族民間文化。

　　原始人早期佩戴的骨塊不加琢磨，只是鑽孔佩掛，而且多是新擊殺的野性物斃命前血取，並把此視為護身靈骨。

　　在漫長的歷史進程中，人們也開始了取動物身骨上有特徵的骨頭，如「嘎拉哈」，來製成精緻圓滑的玩具，染上色彩，拋著玩兒，於是產生了這種連北方的漢民族也喜歡的民間遊戲抓嘎拉哈。如此看來，抓撒、珮飾、卜用骨質的意義都是北方漁獵民族歷史文化的記錄，是人們聰穎尚武和智慧的象徵。而這種玩法又是一種創造，守山吃山、守水吃水、狩獵玩骨頭塊兒，這本也是人的一種自然情態，當我們瞭解到這種傳統說法的歷史之後也就對這種習俗不足為怪了，而且還感到親切有趣。

　　「嘎拉哈」是滿語，指動物的後腿髕骨。關於「嘎拉哈」，在滿族中還有

一個動人的故事。

據韓耀旗、林乾的《清代滿族風情》記載，大金國開國皇帝完顏阿骨打的老兒子金兀朮，從小任性又淘氣，並且總是一事無成。金兀朮要離開阿瑪（父親）去拜師學藝，對阿骨打說：「阿瑪，如果我學不到本領，我就不回來見您和額娘（母親）！」

阿骨打有些不相信，問道：「兒子，我聽人說樹有皮，人有臉，你說的話可當真？」

金兀朮馬上跪在地上給阿瑪磕頭說：「孩兒這就走，請二老多保重吧。」

父親一看兒子志向很大，就給了他一張弓、一把腰刀、一桿扎槍，讓他隻身一人到深山裡去學藝。金兀朮離開阿骨打來到松花江邊，碰上一夥漁民在叉魚，他跟著叉了一會兒，累得胳膊又酸又疼，就不想學習叉魚了。

他又向前走了一會兒，見一夥獵人正在打獵，他也跟著忙活起來，又投槍又射箭，但是一無所獲，他洩氣了，又不跟著學打獵了。

繼續往前走，猛然間，他看見一隻「山跳子」（兔子）被一根小木棍打死了。這時，一位白髮老媽媽走了過來對他說：「孩子，這只山跳子就給你燒著吃吧。」金兀朮一見老媽媽挺和善，就把自己從家裡出來一路上求師學藝的事說了。最後打了個唉聲，又加了一句：「唉，我就是找不到一個能人，能一下子教會我各種本領。」

老媽媽聽完，笑呵呵地說：「我有一招，可以一下子教會你各種本領。」

「真的？」

「嗯。」

金兀朮急忙想磕頭拜師，說：「老媽媽，我要磕頭了！」

老媽媽卻一把拉住他的手說：「可以，但是，有一個要求……」

「快說！」

「只要你能撑上一隻麋子，取來它的嘎拉哈，我有辦法讓你成為一個最靈巧的人；你再用箭射死一隻野豬，也要取來它的嘎拉哈，我可以讓你成為最有

膽量的人；你如果能用扎槍扎死一隻黑瞎子，取來它的嘎拉哈，你就可以成為最有力氣的人。」

金兀尤半信半疑，問道：「老媽媽，這是真的？」

「真的！」老媽媽說，「只要你取來這三個嘎拉哈，就到這棵大樹下來找我。」

金兀尤點點頭，離開老媽媽走了。

他這回下定了決心，一定要取回三個嘎拉哈，成為世上最靈巧、最有膽量、最有力氣的人。於是，他吃盡了千辛萬苦，不怕冰天雪地的寒冷，終於撞上了一隻麅子，取來了它的嘎拉哈；後來又射死了一隻野豬，扎死了一隻黑瞎子，取來了它們的嘎拉哈。

金兀尤得到了這三個嘎拉哈，興致勃勃地來到那棵大樹下見到了白髮老媽媽。老媽媽拿過那三個嘎拉哈看了看，對金兀尤說：「你已經是最靈巧、最有膽量、最有力氣的人啦！」

金兀尤一聽，反倒急了，說：「老媽媽，我還沒有跟您學什麼呢？」

老媽媽說：「學過了。」

金兀尤說：「怎麼學的？」

老媽媽說：「三個嘎拉哈教會了你。」

金兀尤低頭看著手裡的三個嘎拉哈，沉思著，尋思著這其中的道理。再一抬頭，啊，白髮老媽媽不見了，白髮老媽媽一定是位神人，他馬上對著大樹磕了三個頭，轉身就走了。

回到家裡，金兀尤取出三個嘎拉哈，對大夥說：「我得到這三個嘎拉哈，就成為一個最靈巧、最有膽量、最有力氣的人了。」

他的幾個哥哥不信，就憑他手裡的這三個嘎拉哈他怎麼就能有奇特的本領呢，於是就約他到外面去比賽騎馬、射箭、投槍。結果，幾個哥哥都比不過他。這才服了氣。

他的幾個哥哥問他：「弟弟，你是怎樣獲得本領的？」

金兀朮就把獲得三個嘎拉哈付出的艱辛經歷講給哥哥們聽。並加了一句，「要得到嘎拉哈，必須要先射倒凶猛的野獸，所以，這是面對生與死的考驗……」

哥哥們終於明白了。後來，這個故事一點一點傳開了，女真人各家為了讓自己的孩子有出息，就讓自己的男孩出門去狩獵，獲取嘎拉哈，成為世上最勇敢、頑強、有膽量、有力氣的人，而讓女孩子們，專門把嘎拉哈收集起來，讓她們撒著玩兒，是讓她們思索著生活的艱辛，鍛鍊著她們的智慧，啟迪著她們的靈感，從而使這個民族都振奮起來。

從此，女真人家的孩子都有了出息。這種傳說道出了滿族先民崇尚武功、喜歡征服、勇於向殘酷的大自然挑戰的那種風格，是一種真誠的性格的記載。而撒「嘎拉哈」也確確實實成為北方民族的一種民間遊戲了。這種遊戲既練記憶智慧又練手藝勁兒，特別是親自獲取它要付出一定的代價，能使人獲得全面的鍛鍊。

乾隆皇帝曾寫詩記敘「撒嘎拉哈」的遊戲活動：

投石軍中以戲稱，
手彈腕骨俗相仍。
得全四色方愉快，
何必三梟始絕勝。
閨秀爭能守爐火，
兒童較遠驅寒冰。
無端勝負分憂喜，
獐鹿哪知有許能。
鹿腕骨非無用物，
以為戲亦有時需。
中原漫喻人人逐，

一具遠看面面殊。

偶語何須較土木，

采名乍欲擬梟盧。

帕格真是方投石，

何用從來如此乎。

　　從此「撒嘎拉哈」這種民間活動，從帝王家到平民百姓之中，都愛玩，成
為這裡生存的民族的一種普遍的活動和生活習俗，因為這是記載他們真實生活
經歷的一種文化形態。

老冬狗子——狩獵老人

在北方的山林間，有許許多多以狩獵為生的老人，他們世世代代居住在山裡，已經與世隔絕，成為山裡的獨特「人種」。

這已成為北方山林的一種傳奇。

我們也可以把這些「老人」稱為東北的「野人」。

據資料記載，在湖北的神農架老林之中，在雲南的西雙版納深處，在西南的四川和西北高原一些原始密林之中，常常有野人出沒，而在東北的長白山老林裡，有種種跡象表明，這裡也有「野人」。這是一些什麼樣的野人呢？

關東，寒風冷雪的故事成串，可是，關於長白山「野人」的故事更是豐富有趣，應該說，長白山野人都是一些歲數大的老者。

任何一個民族都尊重老人，尤其是年歲大、壽路長的老人，民間稱他們為「壽星」「福星」「吉星」；在西方，則被稱為聖誕老人。

西方人喜過聖誕節，聖誕節是基督教的重要節日之一。《聖經》中無耶穌誕生日期的記載，教會規定於每年十二月二十五日為此節。東正教和其他東方教會由於曆法不同，其十二月二十五日相當於公曆一月六日或七日。

在這裡我們應注意到，無論曆法有何不同，十二月和一月都是指冬季，天氣寒冷的日子。那麼，能否說這是個寒冷日子裡的節日呢。

更應該注意到的是聖誕老人。

西方社會是這樣介紹聖誕老人的，《宗教詞典》三五六頁記載：聖誕老人，西方童話故事裡的人物，一般傳為白鬚紅袍的老人，於每年聖誕節夜，駕鹿橇自北方來，由煙囪進入各家，把糖果、玩具等禮物放在掛於爐前的新長襪內送給兒童。

還有一種說法，聖誕老人是小亞細亞每拉城主教尼古拉的化身。西方國家在聖誕節時，有扮演聖誕老人分送禮物的習俗。

這種傳說中的人物「白鬚紅袍」，而且「駕鹿橇」，自「北方」來，並且自「煙囪」進入各家。在這裡，這個聖誕老人的形象不是已經再明確不過的了嗎，白鬚是象徵老人的年歲之大；而「橇」又正是冰雪季節裡的交通工具；北方，顯然是「寒冷」的聖地和代名詞；至於從煙囪進入各家，不正是記錄了熱和冷，夏和冬的區別嗎。

顯然這位神祕的老人是冰雪文化的化身，是在世界範圍內的冰雪文化的產物。然而，他是人們看不見的幻想中的人物，有時難免由人扮演來增加聖誕節的熱鬧氣氛。可是，在關東，在北方，我們卻有自己的「聖誕」老人，那就是山裡的老冬狗子——長白山裡的「野人」。

老冬狗子何許人也？

據《樺甸縣誌》記載：

老冬狗子是年久住山裡放山狩獵，挖參淘金揀蘑菇的以山為生活者，穴居野處久以山洞為家，寒盡不知年，自忘年歲。

也有人稱他們為「老把頭」。以上文獻還記載：

山裡的老頭者，系山里長生不死的人，能知道過去和未來，更詳細山裡情形，是山中最慈祥的老人。

《打牲烏拉志典》又載：

同治年間，本署貢進冬魚，差派捕魚廂的旗委驍騎校六喜壓車。至都進訖，嗣在都城珠寶市大街，辦買貨物遇一老叟，年近八旬，骨格清奇，丰姿秀雅，向吳六喜言之曰：「汝關東人也。」喜曰：「諾。」老叟由袖間取出信一封，寄囑之曰：「汝將書帶至本籍其塔木東南黑魚洞處，高聲傳宣曰：有書到

來，大呼三聲，自有接書人也。」

　　翻閱東北各類經典古籍，隨處可見此類記述。那麼，這些老人是什麼人？不正可謂東方世界的「聖誕」老人嗎？而且，比西方聖誕老人還可愛、可喜、可親，既實際又具體地生長在我們的身邊。關東的民間盛行老人節，每到老人節或年節，各處都把年歲大的老人請來坐於高處，讓兒女們敬孝。朝鮮族著名的民歌《媽媽祝您長壽》就是典型的例子。

　　而在東北的民俗中，如夢中夢見高壽老人，就視為有福有財，特別是白鬍子老頭。同時，山裡放山、狩獵、挖參、淘金之人又視他們為「老把頭」，相信他們隨時能來保佑自己。每遇危難，希望這些老人出面解救。

　　而事實上，在東北山裡從事各項活動的人，老把頭又都是這樣的老人——高大、長壽、健壯。

　　造成這種歷史印象的原因，就是北方的冰雪優勢，「老冬狗子」就是神祕的北方冰雪神人。

　　冬狗子，是這裡的人們對這些高壽老人的「尊稱」。「冬」是指他們專在寒冷的冰雪中出沒，「狗」是人們對他們創造歷史的歌頌和對他們頑強的生存毅力及性格的形容和讚美。

　　冬狗子又叫「洞狗子」，是指這些人在山洞、地倉子、地窖子中生存。北方指北緯四十至四十二度之間的廣大的東北亞地區，這裡常年氣候寒冷，古人就有「居穴」之習，在寒冷、潮濕的氣候中誕生、長大。據中醫介紹，人在寒帶易延長壽命，這是指寒冷本身能使人身體的各個器官增加抵抗力。這就是一種科學的論斷。

　　但是，由於久居山林，他們的身體和各種器官往往也發生一種意想不到的變化，也就是一種變異。

　　清光緒三十三年（1907 年）七月，打牲烏拉總管召集永吉地面的百長舒爾哈善，研究如何制服老冬狗子事宜。因他們常年在山裡居住用火，常常把森

林點燃。

可是，這些老冬狗子，躲居山林，不肯招撫，使舒爾哈善萬般無奈。這時，吉林正白旗協領綽普通阿獻計說：「總管，請把引老冬狗子出山一事交由我辦……」

舒爾哈善說：「萬無一失？」

綽普通阿：「保證引冬狗子出山。」

當下，綽普通阿派手下人到船廠（吉林）找來了「鳳麟堂」的老鴇子林媽，讓她給找一個絕色的女子。

這個女子叫阿菊，開口對綽普通阿說：「協領大人，你給我啥？」

「要啥有啥。」

「好。我要五百兩銀子！」

綽普通阿：「如數發放。」

阿菊：「謝大人。」

當下，阿菊香料浴洗，著裝打點，在兵丁護送下，就奔了老林。

她直奔老冬狗子的總管「溝大爺」的地倉子。

前面說過，老冬狗子們也經常走動，雖然相隔幾十上百里，仍稱作是「到前院串門去」「到後院走走去」。這些人也有頭人，就是眾推一人為「溝大爺」。

溝大爺生活更是與世隔絕，他兩耳不聞身外事，只管山林裡的冬狗子們。當然他不知道，有一個如花似玉的女子向他走來。

老林茫茫，寂靜得可怕。

多少個歲月和春秋，老冬狗子們就是這樣度過的。

但一個人也得吃飯哪，這一年過年大概是年三十晚上，老冬狗子動手在木墩上剁肉，餡裡放上油鹽準備包餃子，這時，地倉子門兒「吱扭——」一聲開了，阿菊走進來。

阿菊：「老冬狗子，咱倆一塊兒過年吧。」

老冬狗子說：「過吧。」

阿菊盤腿上了炕，用尖尖的小手抓起一點兒肉餡，放在嘴裡一嘗，說：「呀！好香呀！」

老冬狗子無動於衷，低頭和面。

他粗胳膊大手，面在泥盆裡像一團棉花，上下翻動。

阿菊：「啊呀，喔，好熱……」

說著，阿菊摘下頭巾，伸個懶腰躺在土炕上說：「不好，老冬狗子，我肚子好生疼痛，許是方才吃了生餡子，你來給俺揉揉。」

老冬狗子猶豫一下。

阿菊：「哎呀，你快來呀！傻站著。」

老冬狗子走過來，伸出一隻小山盆子大的巴掌，在阿菊的肚子上揉著。

漸漸地，阿菊的呻吟聲小了，她彷彿累了，發出均勻的呼吸聲睡去了。

老冬狗子再一看，不知什麼時候，妓女阿菊的褲帶已解開，他的手正在她的小肚子上。

他稍猶豫了一下，卻站了起來。走到牆邊，從上面扯下一件破皮襖，給她輕輕地蓋上了。

阿菊坐起來，流著淚說：「老冬狗子，和我下山吧。」

老冬狗子不理她，有她當沒她一樣。她沒辦法，一個人下了山，到烏拉協領那兒退回了銀子，一頭撞死在「鳳麟堂」門口的歪脖子樹上了。

一個堂堂的當紅妓女，竟然沒有打動一個男子漢，這不是奇怪嗎？

其實，這一點兒也不值得奇怪，由於常年接觸不到女人的世界，他們的生殖機能已經完全退化和變異，變成了一種沒有任何慾望的人，包括性的慾望。

當然他們之中也不排斥有那種性發育不正常、心理上受到刺激而奔入山林的人。他們把一切慾望都壓抑掉，剩下的是滿身的精力和健壯的身體來對付殘酷的大自然，所以能在這樣的環境中生存下去並長壽。

這些人，久居在茫茫的老林之中，每天接觸的只有山、石、草、木、水、風、動物和大自然。

這些人是指那些常年蹲山溝的老「跑腿子」（單身漢）。他們終年生活在深山老林裡。

他們的職業也很雜亂無章，反正就是一些守山吃山的人，或淘金，或放排，或挖參，或狩獵，他們沒兒沒女，沒親沒故，自生自死，自出自滅。山林是他們的家。門口是他們的墳。

他們一個人住著地倉子，彼此相隔數十里上百里的另一個地倉子，他們稱作「東屋」「西屋」。

兩個人如果見了面，彼此親熱得無法說，因為在茫茫老林子裡常年見不到人。

一個冬狗子問：「發悶嗎？」

一個冬狗子說：「不悶。」

「有伴嗎？」

「有。還不是一個。」

另一個笑了，說：「二十個兒子，一個屋裡的（媳婦）。」

另一個便理會了，說：「我也是！」

其實，他們說的二十個兒子，是指他們的十個手指頭和十個腳趾頭。而「媳婦」是指自己的影子。

在山裡，只要遇見老冬狗子的地倉子，不管來者是土匪、馬賊、罪犯、迷路的，還是過路的，都只管進屋，找到米麵油鹽，儘管坐著吃喝躺下安歇，但離開時，得把燒火棍立在門旁，還得把鞋子解開，重新繫一下。這樣自然會有一些鞋裡的草末落在地上，這叫「留個話」。或者在屋地上畫個「十」字，箭頭指著去的方向。也有的抓把灶坑裡的小灰，撒在屋外，指示出走的方位。做完這一切，吃飽喝足了儘管走人。如果主人老冬狗子回來了，一見這景兒，就笑了，樂了，自言自語地說：「家來客（qiě）了！」

這些人久居老林，與世隔絕。有時偶爾被山外人碰見，他們往往問一句啼笑皆非的話，如：「秦始皇萬里長城修沒修完呢？」

可是，這些人身上最可怕的一點，就是他們帶有火種，時常在不經意間就點燃了森林，造成大自然的火災。

他們身上有刀，有槍，有箭。

他們有自己的生活方式。

他們有自己的個性。

朝廷拿他們沒辦法。人們拿他們沒辦法。

這些被稱為「老把頭」「老冬狗子」「老洞狗子」的人，往往都是嗅覺靈敏而且靈活善走的人。山外的年輕小夥子們走路，往往趕不上這些百歲出頭的老人。這說明了他們的呼吸系統和經絡非常發達。這不能不說北方寒冷的冰雪造就出的關東奇人。

植物有「靈」，冰雪和地氣可以使人產生智慧，生存在寒冷之中要抵抗寒冷，於是靠運動去生存，這樣，關東的地理山川、河流氣候、風雪和冰霜造就並養育出一種聰明的生靈來，這就是東北著名的狩獵老人「老冬狗子」這種優質的人種。

他們的吃食也與眾不同，一年四季飲用的「大碗茶」，就是冬季採來的「五味子」，用麻袋裝好，懸掛在地倉子裡的檁上。嚴冬，當北風呼嘯，四野雪白，他們出不了屋，就在火炕上燃著火盆，手捏老白干，從麻袋裡抓一把五味子，盛上一勺子椴樹蜜，倒在五味子的大海碗裡，沖上一壺開水，吱吱地喝著這種又酸又香又甜又苦的「關東老山茶」。於是，這裡的人們，產生了一股和寒冷白雪為伴的特殊的戀情——關東白雪情。這裡的人們已離不開白雪，寒冷也就離不開這裡的人們啦。

狩獵行行話隱語

狩獵行的行話與放山、挖參等在山林野地裡從事活動的其他行幫的行話在說法和用法上相差不多，都使用一些常規的行話，因這些人經常碰在一起，一些常用語彙和崇拜的神靈、習俗、規矩都有相同之處。至於隱語，則因為行與行之間使用的工具和方式方法不同，有很大的區別。在這裡我將這些不同的內容也收在裡邊了。

狩獵行雖然今天仍在活動，但隨著現代科技和文明的不斷髮展，人類保護自然、保護動物的力度不斷加大，一些從前的狩獵語言也在逐漸地消失或變異了，因此，這裡歸集起來的行話和隱語具有十分珍貴的價值。

黃葉子——黃皮子。

大葉子——紫貂。

鬧仗堂——指趕仗時野獸往回跑。

叫景——嚇唬野獸。

初把——頭一回上山狩獵的獵人。

趟子——獵人的山場。

遛趟子——獵人在自己的山場裡活動。

套趟子——專門下了套子獵具的道。

槍趟子——有暗槍的路。

草鞋——蜈蚣。

錢串子——蛇。

打紅圍——在春夏之際打鮮鹿、收茸。

打干叉子——指在秋冬打鹿。

山神爺——老虎。

大娘——母熊。赫哲族獵人的稱呼。

碼蹤——沿著野獸的腳印走。

圍幇——又叫「獵幇」，指一夥打獵的人。

圍窩鋪——打獵人住的馬架子。

溝塘子——指山坡下的一道長溝。

撐大皮——捕貂的方式。

雕翎箭——戴著羽毛的獵箭。

打喂子——指打鹿的一種方式。

蹲倉——指熊藏在樹洞裡。

插伙——進到別的幇裡去。

搭伙——大家組織在一起。

打牲烏拉——朝廷設在東北的管理向朝廷納貢的衙門，在永吉縣烏拉街。

獵主——指這幇獵物的主人。

大爺——一夥獵人的主心骨人物。而在赫哲族中往往把公熊也稱為「大爺」。

把頭——狩獵伙子的領頭人。

炮手——狩獵隊伍中使槍的人。

看窩鋪的——專門在窩鋪裡留下做飯的人。

天窗——熊藏的樹，樹洞在上。

地窗——熊藏的樹，樹洞在下。

心口——熊胸窩上有一撮白毛。

炮手子——是長白山裡的一種小動物，又叫「豺狼子」，是獵人的朋友。

熬鷹——馴鷹。

老冬狗子——北方高壽的狩獵老人。

虎針——老虎的鬍鬚，是一種珍貴的寶貝。

打圍——打獵。

掏倉子——打樹洞裡的熊。

叫倉子——先去敲打有熊的樹。

鉛丸子——獵槍子彈。

刺子——獵人的刀。

張三——北方人對狼的土稱。

上禮——串門。

黑炮——槍打得準的獵人。

頭排虎——走在虎群前邊的頭虎。

掛甲豬——渾身滾了一層松油子的野豬。

大牲口——指大的野獸。

勾死鬼——獵槍的勾機子。

藥葫蘆——獵人裝火藥的工具。

圍主——就是一夥打圍的獵人中的領頭之人。

百步穿楊——指槍法准，能在百步之內打穿楊樹的葉子。

壞菜了——事情壞了。

打炸了——一槍打歪了，野獸驚了。

落草鹿——老死的鹿。

打牲丁——專門為朝廷從事狩獵的人。

打遛圍——一個人出去狩獵。也叫遛獵。

快當——順當、順利的意思。這是山裡獵人見面後互相問好的話語。

遛套子——專門在下套子的獵道上走。

張圍網——指用獵網捕貂。

窖鹿——指用陷阱來獵鹿。

海東青——指獵鷹。

避瘴丸——是一種防止野獸放毒解熏的特藥。

圍具——獵具。

圍狗——指獵狗。

趕仗——一種狩獵方式，指專門轟趕野獸到炮手隱藏的地點去。

趕仗員——從事轟野獸事項的獵人。

放飛——指使用獵鷹三年後放歸大自然。

蹲鹼場——指獵人在鹿經常出現的林中鹼坡上狩獵。

卡鹿道——指獵人在鹿必經的道上等著狩獵。

鹿哨獵——指獵人發出鹿的聲音引誘鹿出現以獵之，又稱為「叫鹿圍」。

煙獵——用煙來捕獲獵物。

土車子——一種和獾子在一起居住的小動物。

卡麅道——在麅子經常路過的道上狩獵。

套捕——使用獵套來捉麅子。

激達——赫哲族獵人對扎槍的稱呼。

坐腳——一種安在陷阱裡的獵具。

伏弩——狩獵用的弓箭。

明弩——安在明處的獵弓。

暗弩——地槍。

碓——一種狩獵工具。

累刀——一種狩獵用的專門刀。

窟窿箭——一種狩獵工具。

罩——一種狩獵工具。

拉鷹——是指獵人捕鷹。

打樹皮——狩獵行標誌。

插花——狩獵行標誌。

打虧情——掌握不好野獸的習性。

順當氣——指順氣、吉利的意思。

伙獵——一起出去狩獵。

殺野倉子——到野外找到樹洞裡的熊。

褲子炮——指一槍多發的獵槍。

圍倉子——獵人住的土房子。

來回盆——指獵狗經過人工精馴，已經有了一個週期。

挑餵——選聰明的辦法餵獵狗。

腚朴——獵狗腿往外拐。

鋒牙——獵狗的利齒。

出快——總想奔跑。

哨了——指獵狗皮了，不肯忠誠地狩獵。

狗道——狗的特性。

拿威——鍛鍊自己的威風。

出咬——訓練獵狗咬物的階段。

克——是指獵狗對付對方。咬倒一個，叫「克」倒一個。是北方的狩獵語言。

狩獵歌謠

狩獵歌謠是狩獵民族和獵人們在長期同大自然搏鬥中產生的體會的記錄，是十分珍貴和難得的生活歌，而且狩獵歌謠的題材也很廣泛，從獵人的出發，到狩獵獵場，從對野獸的處理，到孩子和家屬們的喜悅，總之，狩獵歌應該是狩獵民族生活和歷史的全部內容的記載。但由於時間的久遠，加之過去沒有專門從這個角度去蒐集和歸類，以及一些老獵人相繼過世，使這些珍貴的歌謠失傳了。

此處歸集了四類狩獵歌謠，它們分別是：描寫狩獵環境的、描寫狩獵經驗的、描寫獵人生活心態的、描寫狩獵場景的。

一、狩獵環境

所謂狩獵環境，在這裡主要指長白山和大小興安嶺，這類歌謠也是長年在北方民間流傳的那種歌謠，可以說是家喻戶曉，而且就是狩獵行幫之外的一些放山、挖參、淘金、放排、伐木的山裡之人也知道。

關東山真出奇

關東山，真出奇，
棒打麅子瓢舀魚，
野雞飛到飯鍋裡。

關東山三種寶

關東山，三種寶，
人參、貂皮、靰鞡草。

關東山三種寶

關東山，三種寶，

人參、貂皮、鹿茸角。

靠山吃山

靠山吃山，上山也不白跑腿；

靠水吃水，下河回來腥腥嘴。

這是寫北方山山水水都富饒的歌謠，是北方獵場的真實寫照。

二、狩獵經驗

狩獵經驗和體會的歌謠應該是狩獵人的主要內容，包括狩獵活動的方方面面。

狩獵謠

狼精、狐狸怪，

頂數兔子跑得快。

不怕老虎追

不怕老虎追，

不怕熊瞎子攢，

就怕槍子是臭彈；

槍子是臭彈，

保準玩了完。

千萬別繞窪拉兜兒

柱子柱子別瞎竄，
躥出崗梁麻達山；
順溝兒走，看水流，
千萬別繞窪拉兜兒。

狩獵人在山林中，常常迷失方向，於是獵人就唱出了這樣的歌謠，其實是大家狩獵的一種「經驗」類歌謠。關於這類歌謠肯定很多，有些不一定合轍押韻，也不一定像詩歌那樣去排列，而它們又確確實實是狩獵歌謠，所以列在此，這是孫樹發先生聽一個老獵人講的。

先拜山神爺

要想去打獵，先拜山神爺；
不拜山神爺，乾脆別打獵。
修了老爺府，狩獵就有福；
不修老爺府，狩獵就受苦。

那是老把頭的小飯桌

樹墩子厚，樹墩子多，
不能踩，不能坐。
老哥兒，老哥兒快躲開，
那是老把頭的小飯桌兒。

這也屬於狩獵歌中的「經驗」「體會」類歌謠。是指獵人進了山，應該注意什麼，告訴人們哪些「禁忌」。

禁忌是獵人們必須遵守的規俗，每一夥獵幫都要守這個規矩，不然就會被把頭攆下山去了，以破壞了「山規」來論處。這些歌謠足見狩獵行的規俗是很

多很嚴格的。

三、獵人生活

狩獵人對自己的生活有非常形象的描寫和概括，人們可以通過描寫獵人生活的歌謠去體會北方民族的生存經歷。

狩獵苦

狩獵苦，狩獵苦，
衣裳破了沒人補。
狩獵苦，狩獵苦，
被窩涼了沒人焐。
狩獵苦，狩獵苦，
吃菜沒油白水煮。
狩獵苦，狩獵苦，
不是遇狼就遇虎。
狩獵苦，狩獵苦，
打不著野獸白辛苦。

這是吳戰林先生蒐集的一首「狩獵」歌謠，記載了獵人生活的苦情，從吃、穿、住，到滿山遍野奔跑的心態，都描寫得很形象。

因為人是同大自然搏鬥，向大自然索取，所以不是每一次都滿載而歸。因野獸也是活的，為了活命，它們也在奔跑，與獵人進行搏鬥，有時會把獵狗和獵手咬傷。很多時候，當獵人捕到野獸的時候，獵人、獵物、獵狗等都已遍體鱗傷……

苦是獵人的生活，危難時刻在包圍著他們。

兩手空空往回折

沒有吃，沒有喝，

操起老槍進山窩；

實指望混個飽肚子，

哪承想狩獵苦處多；

鑽山溝子，踩雪窠子，

跑了一六十三遭，

兩手空空往回折。

野獸越打越少，加上武器不濟，獵人奔波一天，兩手空空的時候是很多的。這首《兩手空空往回摺》說得很實在，看來也是獵人生活的實情。

回家過個團圓年

雪花飄，北風寒，

打圍的好歹盼到年；

背起野物快回家，

回家過個團圓年。

來年還得去遛山

賣完虎皮有了錢兒，

住在店裡耍著玩兒。

一宿輸了三百六，

想要回家沒臉面。

當了一冬老凍狗，

來年還得去遛山。

遛山就是去打獵。這首歌謠說的是獵人得到了獵物，但有時又架不住把頭或獵主的誘勸，去耍錢、賭博，結果一下子輸掉了。於是沒有臉見家人，只好等到來年再上山打獵。

賭博是惡習，獵人作為勞動者，有家有口，可是一些打獵的把頭壞，他們往往拉獵人下水。

這是一首寫把頭雇獵人上山狩獵的那種獵幫，也是寫獵人生活苦情類的歌謠。

四、狩獵場景

茫茫的老林，山野之中，白雪的平原之上，奔走著勇敢的狩獵人，就像著名的民俗學家王肯先生蒐集的一首《高高的興安嶺》一樣：

> 高高的興安嶺一片大森林，
>
> 森林裡住著勇敢的鄂倫春族；
>
> 一呀一匹獵馬，
>
> 一呀一桿槍，
>
> 滿山滿嶺獐麅野鹿打也打不盡。

狩獵場景歌就是這樣，它反映了獵人們狩獵的生活和心態，是一種十分生動有趣的歌謠。

阿瑪有只小角翁

拉特哈，大老鷹，

阿瑪有只小角翁。

白翅膀，飛得快，

紅眼睛，看得清。

兔子見它不會跑，

天鵝見它就發蒙。

佐領見了睜大眼，

管它叫作海東青。

拴上綢子戴上鈴，

吹吹打打送進京。

皇上賞個黃馬褂，

阿瑪要張大鐵弓。

鐵弓鐵箭射得遠，

再抓天鵝不用鷹。

角翁，這是滿語鷹的意思，也指滿族的狩獵工具海東青。拉特哈，是指
鴞，也是鷹的一種。佐領是清朝官職的名稱。

由李果鈞先生蒐集的這首狩獵歌，記載了滿族用海東青狩獵的歷史，以及
打了獵物要給朝廷進貢，並得到朝廷的獎賞，足見獵人的生活形態以及和朝廷
的關係。這是典型的東北狩獵歌。

大風天

大風天，大風天，

大風颳得直冒煙。

颳風我去打老虎，

打個老虎做衣衫。

又擋風，又擋寒，

還長一身老虎斑。

這是指獵人穿上了虎皮做的衣服，心裡的高興勁兒是沒法說的。歌中透出
了獵人對自己生活的描寫和歌頌，苦中有樂，樂中有趣，是一首典型的狩獵

歌。

大雪天

大雪天，大雪天，
大雪下了三尺三。
黑貂跑進鍋台後，
犴子跑到房門前。
抓住黑貂扒了皮，
色克正好做耳扇，
色克耳扇色克帽，
最好還是色克襖，
興安嶺上不怕寒。

　　色克，滿語是貂皮的意思。這是由關英華講唱，著名民俗學家李果鈞先生
蒐集的典型狩獵歌，透出獵人狩獵歸來的喜悅心情，而且記敘了獵人獵戶的生
活、穿戴形態。

犴子高

犴子高，犴子大，
又長圓蹄又長角。
騎它進山去打圍，
又像牛來又像馬。
像牛它最愛頂架，
宗宗樣樣都齊全，
就是缺個長尾巴。

　　出處同上，也是寫獵人狩獵情景的歌謠。彷彿使人身臨其境，同北方的獵

人一起，騎著犴子走進茫茫老林，多麼有趣。

　　狩獵歌往往十分真實可貴，因為是來自於獵人的創作之中。

大踏板

大踏板，八尺長，

阿瑪穿它攆黃羊。

黃羊跑到背山陰，

大雪窠子二尺深。

黃羊它可沒了轍，

四腳一撐進雪窠。

動也動不得，

挪也沒法挪。

抓住黃羊小細腿兒，

嘎蹦兒嘎蹦兒都撅折。

　　由張貴講唱的這首歌，描寫了獵人在大雪原上捕黃羊的情態，透出獵人捕獵、獲獵的喜悅心情，也是一種狩獵經驗歌。

狩獵的故事

一、關於虎的故事

　　虎是林子中的猛獸，勇敢的獵人都與虎有過殊死的較量，而在從前的很多時候，人們獵虎，往往是因為虎常常傷人畜，於是對付虎就成了獵手們的主要使命。

　　而獵人或人和老虎的故事往往又是狩獵故事之中最為豐富的文化類別，關於人類和虎有關的地名，在今天各處的地域之中均可發現。

　　人們從東北乘車去北京，過了瀋陽，有一個地方叫「大虎山」，這兒有一個關於老虎的故事。

　　傳說從前這座山裡有老虎，經常出來傷害村民的牲口。為除虎患，村民組織起來打虎，挖陷阱，設木籠，下套子，各種方法都想到了，也沒有打住這隻老虎。

　　這兒不遠有個姓王的獵戶，家裡有桿土洋炮，他膽子大，槍法好，指哪兒打哪兒，人們都叫他王炮手。他到處找老虎沒找到。

　　一天，有人送信來，說在栗子溝看見一泡虎糞。王炮手便帶一壺酒和五天用的乾糧，背上老洋炮就到虎經過的地方等著去了。

　　第四天中午，忽聽一陣風響，那隻老虎從山坡上下來了。老虎走走停停，東張西望，有所警惕，眼看越來越近了。等到王炮手連虎頭上的「王」字都看清的時候，他穩定心神，悄悄地鑽出洞口，槍口對準老虎，在不到七米遠的時候，老洋炮一響，打中了老虎的肚子。老虎憤怒至極，吼叫著向王炮手撲來。王炮手已裝好一槍火藥，對準老虎一扣槍機子，可是槍沒響，連扣兩下，還是沒響，王炮手登時急出一身大汗。此時老虎張開血盆大口，一箭步撲到王炮手跟前。在這緊急關頭，王炮手急中生智，把老洋炮筒子用力捅到老虎嘴裡。老

虎叫又叫不出聲，咬又咬不著，人虎搏鬥了一陣子，王炮手有些力不從心了。稍一冷靜，有經驗的老炮手從貼身兜裡摸出一張引火紙炮，急忙壓在機頭底下，右手一扣槍機子，「砰」的一聲，老洋炮又響了。槍砂子從嗓子眼到肛門，給老虎來個穿膛過。老虎打了兩個趔趄，蹬了蹬腿，再也動彈不了啦！

村裡人聽見兩聲槍響，再沒聽到虎叫，就拿著鉤、桿、鋤、鐮從四面八方跑上山來，慶祝王炮手的勝利。村民們要把老虎抬下山，王炮手不同意，他讓大家把死虎抬到山頂上，放在山頂的大白石頭上，讓雷劈鷹叼、雪淋雨澆、風吹日曬，給村民們解恨。以致虎血染白石，斑斑可見，於是，人們就叫那大白石為虎斑石，遠遠望去，活像一隻大老虎。為紀念王炮手打虎壯舉，從此這地方就叫打虎山；因王炮手住在這裡，屯名亦改名王炮手屯。

現在為什麼叫「大虎山」了呢？那是因為清末熱河省有個督軍叫湯玉麟，是個性情暴躁的軍閥，人們「恭維」他，當面稱他「虎將」，背後叫他「湯二虎」。他到此站，見是「打虎山」，火冒三丈，罵道：「他媽拉個巴子的！什麼打虎山，老子就是一隻猛虎，看誰敢打？今後誰敢叫『打虎山』，我就把他腦袋揪下來當球踢！」從那以後，這個火車站就改名叫「大虎山」了。

在東北，叫什麼「老虎頂子」的山名、地名很多，都記載了人們狩獵打虎的歷史，在吉林省東豐縣影壁山鄉，有座大山，名叫老虎頂子，據說這兒從前有座大山，因為山頂上青石砬子多，人們就管它叫青石山。自從出現了兩隻吊睛白額的老虎——它們不管黑天白日，總在山嶺的青石砬子頂上趴著，一見行人，就跑下山巔來攔路傷人，於是人們望山喪膽，村裡小孩採菜摘果不敢往這山爬，大人們尋藥打獵也不敢向這裡鑽了。只有後山那些屯子裡的人們來山前辦事，或山前堡子裡的人們想到山後串親家，遇有急事，為了少繞幾十里遠道，才硬著頭皮壯著膽，膽顫心驚地攀著蜿蜒小道，穿過老林子，翻過青石砬子往返跑一趟。

一天，從這青石山背面上來了三個置地的老百姓，準備買六方地，每人錢褡子裡背兩塊金元寶。三個人搭搭攔攔正邊走邊閒談著，不覺爬上山巔，忽聽

得一聲吼叫，震得耳鳴山谷響，嚇得人人毛骨悚然，個個渾身顫抖，幾乎癱軟在地上。說時遲那時快，就見從青石砬子上跳下兩隻老虎。這兩隻老虎一大一小，大的如黃牛，小的像大牛犢子。它們一前一後，箭打的一般，帶著冷風寒氣，張開血盆大口，惡狠狠地向這三人追趕過來。不大工夫，這三個人就被這母老虎和領著的小虎給吃了。這兩隻凶殘的野獸，飽餐一頓後，只扔下死者的六塊元寶和衣物，連吃剩下那死者的兩條大腿和一隻胳膊，也叼回青石砬子上有兩鋪炕大小的平石板上，留下頓充飢解饞去了。就這樣接二連三不到一個月的時間，又有幾伙前來買地的人，無一倖免，都葬身於虎腹。這樣一來，誰還有膽量冒生命危險過山去置地呢。

這消息很快傳到「打地」官吏的耳朵裡，他們一看山後買地人的元寶一塊也沒撈到手，心裡急得火燒火燎，忙派出自己隨身雇來的兩個侍衛炮手，限他們三天內要捕獲或打死那青石砬子上的兩隻吃人的惡虎，確保前來購地人的生命安全。最後揚言說，幹好了本官有獎，超期不滅虎者當以重罰。

這兩個炮手原是親兄弟，大砲手名叫李青龍，二砲手名叫李青虎，二人一向相依為命。

第二天一早，李家兄弟吃飽喝足，擦好槍筒，帶足彈藥，商量妥打虎的辦法，就直奔青石山上而來。

他們剛剛爬上山腰，忽聽老虎吼聲震動山谷，還沒等他們哥倆喘勻氣，就見一大一小兩隻老虎狂奔猛馳衝下山崖來。這對老虎多日沒嘗到活人肉了，今日見有活人送到眼下，怎不垂涎三尺呀！

李大砲本是身經百獵的名手，關東打過熊，關裡擒過豹，死在他槍口下的飛禽走獸，加在一起，就是三十三個人搬運，也得抬上九十九天啊。這個人長得濃眉大眼、膀闊腰圓，往山岡上一站，趕上個黑鐵塔，說話甕聲甕氣。他不光膽大包天，還槍響見物，二砲手常向人們誇獎他大哥說：「不是吹大牛，我大哥那槍法呀，准著呢！單說打鹿吧，想打它的黑眼仁，准打不著白眼珠。」且說李大砲眼見那大老虎離他們只有幾十丈遠了，連張牙舞爪的凶樣都看得真

真切切，他仍是那麼沉著、從容，神態冷靜，堅定地對二炮手說：「不要慌，往前面那隻大虎腦門上王字中間打！」這二炮手不光槍法欠功夫，氣魄也不大，一見老虎離自己這麼近，早嚇得心慌意亂了，急聲急氣地說：「快點，大哥！我不行——手發顫，你打吧！」大砲手心裡想，二弟頭一次遇見虎，還是讓他借此機會練練槍法吧，於是斬釘截鐵地說：「你打頭槍，我幫你補槍！」他催促地說：「憋口氣打！」二炮手拗不過哥哥，使勁摟了火，只聽噹的一聲響，趕忙睜開眯縫的左眼，以為老虎準被自己打倒了，透過槍口飄散的硝煙，瞟見他射擊的那老虎，仍活蹦亂跳地往前撲來。二炮手傻了眼，驚呼道：「哥——壞菜了！」

　　大砲手早就預料到這種情況，他氣不長出，面不改色，瞪圓右眼，端平長筒獵槍，穩穩噹噹地瞄著踏得沙飛石走的獵物，迅速扳動槍機。隨著火槍的巨響，眼見那中彈的老虎，冷丁來個前滾翻，然後挺著粗脖頸，不住地抖甩著柳罐大的虎頭，一股鮮紅的血液，從耳根後邊如噴泉般地向綠草白花流去。再說緊追大虎後面的那隻小虎，見此慘狀，嚇得立刻剎住前腳，打起轉轉來。二炮手忙說：「那個小虎崽子我包了它！」忙把槍管靠牢在一旁的柞樹幹上，正欲打住那傷虎旁的小虎，忽聽天崩地裂般一聲怒吼，就見那隻已被打倒在地的母虎，就勢從山坡半尺多深的草裡騰起一丈多高，居高臨下地向獵手們旋空襲來。

　　大砲手李青龍，見勢不妙，剛想順過槍筒，再打一槍，那隻帶重傷的老虎的兩隻前爪，早已抓住大砲手的腦袋瓜一撏扯——好生生個大活人，被揪擰得腦漿迸裂，化成了碎糟糟的血豆腐了。老虎又掀起左胯照準沒頭炮手前身往旁一蹬——李青龍的五臟六腑，全被它的利爪掏出臟腑之外。

　　二炮手眼巴巴地瞅著他的一奶同胞，連句話都來不及囑咐就斷了氣，哪還顧得上放槍打那隻小虎了，忙沒命地向身旁大柞樹上緊爬，誰想到那小老虎看它的虎媽媽對獵手進行報復後，因槍傷後流血過多，打個撲拉，雙腿往後一抻也死在炮手的屍首旁邊。它忽地暴跳如雷，悲憤難忍地狂嘯一聲，向已爬到樹

半腰高的二炮手躥上來。突然聽見噹的一聲槍響。

　　原來是他裝上的彈藥，因為緊張過度，驚慌失措中竟忘記扳槍機了。方才，那小老虎第三次雖然沒撲到二炮手，卻抓住了他挎在胳膊肘上的槍筒，就勢往下一拽，差點兒沒把槍和人一齊拖下地來，因樹枝掛走了火，才空響了一槍。小老虎聽到樹上響起槍聲，它怎麼還敢戀戰，只好扔下母虎逃之夭夭了。

　　「打地」官吏和鄉民們，聽見槍聲間隔著響了三次，又過了兩個多時辰，還不見獵手回來，很是坐臥不寧，六神無主，於是帶人進青石山來想看個究竟。

　　當他們收拾完大砲手和老虎的屍首後，末了才從大柞樹上找到二炮手，他的真魂早已嚇得飛到九霄雲外去了。他死死地摟著大樹哭叫連天。

　　大家在老虎傷人的地方，前前後後共尋揀到十四塊金錁子，有的元寶也被鋒利的虎牙啃得坑坑包包。若問一共死傷多少過往行人，那可是不得而知、無從查考了的事。

　　從山上下來歸屯後，「打地」官吏把十四塊元寶私藏起來，又假情假意地問二炮手有什麼要求。這時，二炮手神智已恢復了正常，抹著傷心的淚水，悲悲切切地說：「第一，打死這隻老虎應當歸我們李家，因為這是我哥哥用生命換來的；第二，我要幾方地，用以賠償我哥哥的損失，將來好養活兄嫂和侄男侄女們。」不想那喪盡天良的「打地」官吏，僅僅答應了二炮手的第二點要求——把高粱溝五方土地免費劃給李家，而那隻死虎，他們到口的食怎肯掏出來呢？早連夜差人送進京城，請功待賞去了。

　　二炮手把慘死的哥哥埋葬在高粱溝選好的墳塋地，給兄嫂和侄們蓋了房屋，後來自己也娶了妻子，生兒育女，居家過日子去了。

　　至今大砲手的荒墳還在那裡呢。

二、關於鹿的故事

　　新關東三寶是「人參、貂皮、鹿茸角」了。在北方，在各個獵戶的狩獵生

涯中，人們對獵鹿都有切身的經驗和體會，這是因為北方的山林中鹿多，又因鹿渾身是寶，李時珍在《本草綱目》中說茸角性甘溫；《別錄》中說茸角酸，微溫；《備要》中稱之為減熱，純陽，治虛損勞傷；《抱朴子》則云：得鹿以活為貴，取茸，然後斃之者，以血未散之。不破出血者，最難得；沈括在《夢溪筆談》中說「……頭為諸陽之會，鐘於茸角，豈與凡血比哉」。

據《長白山匯征錄》載，鹿，一名為「斑龍」。西蜀道士貨斑龍丸，歌曰：

尾閭不禁滄海竭，
九轉靈丹都漫說。
唯有斑龍頂上珠，
能補玉堂關下穴。

李時珍則稱：「鹿乃仙獸，純陽多壽，能通督脈，非良草不食，故之角肉食之有益無損」。

據民俗學專家尹郁山記錄說，鹿是「神獸」，而且是「皇封」的神獸。傳說那是清朝乾隆皇帝第一次巡幸東土的時候，來到長白山北端，吉林烏拉城外的肇大雞山下尚武狩獵。玩得十分開心，天晚了，便在山下安營紮寨。乾隆望著山上山下一片帳篷十分高興。正在這時，突然從山上跑下一隻鹿來。這是一隻兩三歲的小鹿，兩個犄角毛茸茸的，全身飾著梅花圖案，白蹄、白嘴、白頭芯，好看極了。

大家正愣神兒的工夫，小鹿不慌不忙地來到乾隆面前，後腿臥跪，前腿作揖施禮。乾隆說：「它這是……」

一位侍臣說：「萬歲，此鹿是山之神也，它是向你乞求恩賞。」

乾隆一想，說：「對，此山是我朝發祥之地，此鹿定是山神了，快快賞它一塊皇牌，祝它長壽！」

兵丁們忙著佈置去了。

不一會兒，一條白晃晃的長壽銀牌，掛在小鹿脖子上，於是小鹿又給乾隆施了個禮跑了。

傳說儘管是傳說，不過從前，在吉林肇大雞山腰上真有一座小廟，裡面供的就是一隻鹿，上書「山神之位」。

從種種史料和口碑文化考察記述中，鹿早已被東北民間和朝廷作為重要貢品，列為貢首了。送到京城去的貢品有的是生活所用，有的是祭祖所用，而人參、貂皮、鹿茸、東珠、松子、樺樹皮、木炭等貴重之特產，常常兼有這兩項用途。從前取鹿茸，不像現在可以圈養，到時捕獲取下鹿茸便可，那時要由打牲烏拉總管派出捕鹿丁，專門捕鹿，以獲取鹿茸。

「打牲丁」悉知鹿的習性，鹿在被長矛擊中倒地前，往往把自己頭上的茸撞碎，不讓人所得。所以，擊中鹿後，「打牲丁」要拚命奔跑，抱住鹿頭，不使其撞壞茸；但是「打牲丁」跑得再快，往往也趕不上鹿的速度，往往到年終交不齊鹿和鹿茸，不知有多少「打牲丁」被朝廷或打牲烏拉總管處死。「打牲丁」為了生存，也費盡了心思，想方設法與朝廷鬥智。

據《慈禧太后與瘸鹿》（吳強稼蒐集）說，有一年，吉林省東豐縣鹿場的「打牲丁」到年終了就差一頭戴茸的鹿，有一頭戴茸的卻一條腿蹩折了，向朝廷送瘸鹿要處死罪的，可是眼瞅著期限要到了，怎麼辦呢？總得要送啊！

這時，有一個小夥子自告奮勇地說：「我去面見慈禧老佛爺！」

大夥說：「你不怕殺頭嗎？」

小夥子說：「早晚咱們得去人啊！我走後，萬一回不來，我的老母你們多加照應吧……」

大家含淚點頭相送。

這小夥子很聰明，他臨走時帶了一根靈芝草，進了貢地，就把這根草銜在了鹿嘴上。

慈禧聽說關東人送梅花鹿來了，很高興，她親自來到貢場，一看，是一頭

癱鹿，不由大怒。這小夥子上前作揖說：「老佛爺，您別發怒。您看這鹿嘴上叨的是什麼？」

「什麼？」

「靈芝草……」

小夥子說：「這鹿是仙鹿，這草是神草。仙鹿為取神草，不幸折斷了腿，實乃仙鹿的一片赤心……」

「啊！原來如此！」

慈禧一聽，轉怒為喜，命人加賞他，並封了他一個打牲烏拉的小官。

圍繞鹿、鹿茸的傳說，在東北的民間頗多，但有幾個能加官晉爵？多數「打牲丁」都過著貧苦的日子，他們在深山老林裡狩獵，把珍貴的野物送給達官顯貴了。

鹿茸不但可以滋補人的身體，補精壯陽，還可以成為室內的裝飾品。

當年，民間地方戲典中還採用它作道具。鹿角還能製成「號角」，懸掛在東北狩獵人的腰間，吹奏出一支支雄壯動人的鹿號，永久地迴蕩在人們的心間。

三、關於貂的故事

關東山，三宗寶：
人參、貂皮、靰鞡草。

這首古老的民謠唱出了東北一種驚險的狩獵活動——捕貂。

當年，關東地面盛產人參、貂皮、鹿茸、東珠、虎骨、海參、五味子、白樺皮、木炭、山棗、土面鹼、煙膏、飛龍、靈芝、不老草、黃花菜等關東土產山珍，而其中「貂皮」是僅次於虎皮的貴重之物，而捕貂生活十分神祕驚險。

從前，關東山是貂生長的理想區域。貂，形如小狗，是高寒近水地帶的一種野獸。又分為旱貂、水貂，前者在關東的深山老林裡最多，而捕貂獲得貂皮

則是一件充滿艱辛的活動。

早先，人們把捕貂叫「攮大皮」。從事這項狩獵活動的人多是被朝廷流放的「罪人」，或者被生活逼得走投無路，他們才撇家舍業，進深山老林去「攮大皮」。有一首《捕獵歌》唱道：

> 出了山海關，
> 兩眼淚漣漣，
> 今日離了家，
> 何日能得還？
> 一張貂皮十弔半，
> 要拿命來換。

捕貂要有足夠的勇氣和膽量，生活的艱難與生命的危難時時在考驗著每一個獵手。初冬，一場大雪之後，漫山遍野都變得寂靜潔白，林子裡的雪地上發現了貂的蹤跡，於是獵人就要在這裡設上一個小院欄，並精心地在裡面挖上一口陷阱，再在貂蹤相反的方向開一個「反門」。然後，獵人帶足乾糧和彈藥，背上開山斧，穿上靰鞡鞋，戴好狗皮帽子，順著貂蹤去追。這就是「攮大皮」。

追貂的生活驚險奇特。傳說從前有一個獵人追貂，一直追到年（春節）跟前，一個人也得過年哪！於是自己搭個小馬架子，攏上火，燒一鍋開水，剛要煮苞米粒子，馬架子門「吱」一聲開了，進來一個抱孩子的小媳婦。

這深山老林哪有人呢？可攮貂人得沉住氣，不然就得喪命。這時，那小媳婦說話了：「老把頭（東北人對在山裡活動的老人的稱呼，逐漸演變成對老人的尊稱），咱倆兒一塊兒過年吧？」

「過吧。」

「吃啥呀？」

「水煮苞米花……」

小媳婦點點頭。雙腿一盤，往小炕上一坐，抓起苞米粒兒就吃。

撑貂人沉住氣，瞧她不注意，一開山斧砍過去，只見一道火星子奔出屋去。再一看炕上，那花被不是花被，是一層層樺樹皮兒，裡面包的不是小孩兒，而是一個小兔崽兒。第二天一大早，順著門口的腳印一找，在不遠的大樹下揀到一隻死兔子，像山狗子那麼大……

這類驚險的傳說、故事，時時處處都能發生，雖然是傳說，可沒有生活的影子是編不出來的。這說明撑貂人一定要精明、機敏、靈活，不然就得不到貂皮。

「撑大皮」的獵人經過一冬的苦追，直到第二年的春天，貂才回到去年出發時的地方（獵人已挖好陷阱，修好了院欄），一進去就掉在陷阱裡，這才被獵人捕住了。

當年，貂皮是很金貴的，官府收貂皮稅每張碎銀二錢八分七釐，民間能賣到十多弔。貂皮的貴重之處在於冬暖夏涼，適合做老爺們的帽子和太太們的圍脖，而有權有勢的朝中命官，都希望用貂皮作大氅，雨水霜雪打在上面，又滑落下去，不濕一點裡子。另外，貂皮柔軟輕飄，穿起來不沉不壓身，美俏絕倫。關於貂皮的功能，有趣的故事太多了。

據梁之先生蒐集的一個故事說，一年，山外來了個打遛圍的，叫趙成。什麼叫打遛圍呢？一般打圍，都是三五成群，多者十幾人，有趕仗的，有堵圍的。有的人槍法好，打得準，嫌人多誤事，願意一個人進山林裡遛，遇上山牲口自己打，這就叫打遛圍。

趙成這年五十多歲，從十三歲就跟爺爺鑽林子，擺弄大半輩子槍，是有名的趙炮，他不但槍打得準，而且眼力好，隔溝能看出對面山頭的是什麼牲口，用手指一試蹄印，就知山牲口走過的時間和牲口的分量。

他是這年冬天來甸子街的，鵝毛大雪天，趙成在街上走著，就見一個上下一身黑的小老頭在他前邊溜躂。這個人，從背後看，個不高。戴緞子帽頭，青

衣青褲，走起來腿腳挺靈便。叫他奇怪的是，所有的行路人，身上都落了一層厚厚的白雪，唯獨這黑老頭身上滴雪不沾。趙成心里納悶兒，這老頭穿的是什麼衣裳呢？怎麼不沾雪呢？他跟在這老頭身後，想看看他究竟是幹什麼的。

這老頭不緊不慢，腳下可挺麻利，趙成是跑慣了山的人，也有點兒跟不上趟。越是這樣，趙成越想知道這黑老頭的底細。他跟在黑老頭的身後，黑老頭左拐右拐，進了一家飯館，趙成也跟了進來。

這黑老頭人也真怪，不喝酒不吃飯，單單要了一個紅燒魚，空口吃菜。趙成呢？正好肚子餓了，買了十個包子一碗湯，和黑老頭坐了個對面。他一邊吃一邊端詳黑老頭，只見他吃魚不摘刺，兩腮鼓鼓滿滿的，嚼半天才嚥一口。

飯桌上，趙成問：「老哥，家在哪兒住啊？」

黑老頭小眼一眯說：「不遠，柳毛河。」

「正好，我想進柳毛河打圍，咱們還是伴呢。」

「這十冬臘月的，可夠冷啦！」

「有空倉子嗎？」

「那倒有。」

「中。」

趙成和黑老頭正嘮得熱乎，從外邊進來個收山貨的老客。黑老頭一見老客，魚也沒吃完，起身便走。老客立刻堵住了房門，大聲豪氣地說：「你站住！欠我的錢不給還想溜，把衣裳扒下來。」

黑老頭立刻變了顏色，忙解釋：「我，我沒欠你的錢，你讓我走！」

「那不行！」

「你躲開！」

兩個人打在了一起。趙成心裡很不平，心裡琢磨，就算欠你錢，也不能在飯館寒磣人家啊！於是，他上前拉住老客，說：「哎，人有臉樹有皮，哪能堵著門扒衣裳呢？快別吵了，別傷了和氣！」

「你，你躲開。」

老客拚命地推開趙成，再看黑老頭已經無影無蹤了。老客火了：「看，你包我的！」

趙成也奇怪，怎麼一轉身黑老頭就不見了呢？他對老客說：「我包你什麼？」

「咳！我跟了好幾天，好不容易堵住了，你給放跑了，誤了我的大事！」老客說著一噘嘴走了。

趙成鬧了個沒趣兒，背著獵槍進山了，他來到柳毛河，找了個倉子，打起火堆，便上山打遛圍。

這年冬天格外冷，地凍三尺，哈氣成霜。趙成在山上轉悠了半個月，別說是山牲口，連個牲口走的腳印兒也沒看見，心裡悶悶不樂。

熱在三伏，冷在三九，寒冬臘月，能凍死人。特別是晚上，雖然生著火，但烤著一面，烤不著兩面，倉子又透風，凍得趙成直打哆嗦，翻來覆去不是滋味兒。

這天晚上，趙成一覺醒來，頭上身上都是汗，他很納悶兒，這麼冷的天，不篩糠就不錯了，還能熱得出汗？不管怎麼說吧，反正沒凍著，做了點兒飯，準備吃了好上山。這時河邊來了一個人。他一看，嗨，是那個黑老頭。黑老頭老遠打招呼：「老弟，昨晚睡得好吧？」

「好，好，快來坐。」

黑老頭坐下，問：「怎麼樣，快當吧？」

「唉，快當啥。」趙成說，「半個多月下來了，一槍沒開，米口袋都空了，看樣子得下山了。」

「別忙，耍幾天。今天你到南坡轉轉，興許能開開眼兒。」

趙成按黑老頭的指點，吃完飯，背著獵槍上了南坡。南坡，是一片密松林，樹挨樹，山連山。前兩天，他曾來過，什麼也沒遇上，今天他也並不抱什麼希望。他無精打采地走著，忽聽對面樹窠子響。他立刻握住槍，躲在一棵大樹後，一看，啊！從東頭跑過來好幾頭大野豬，好像有人趕仗似的。趙成端起

獵槍，對準一個，「當」的一槍，這傢伙應聲倒下，其他的都跑了。

傍晚，把野豬弄了回來，黑老頭又來了：「怎麼樣，今天快當吧？」

趙成高興地說：「快當！快當！」

趙成為了感謝黑老頭的指點，用快刀子切了塊野豬肉，燉在鍋裡，要和黑老頭喝酒。黑老頭說：「你先燉著，我回去取點魚。」

不一會兒，黑老頭回來了，真的釣了一條大魚。趙成問：「天這麼冷，哪弄的魚？」

「柳毛河呀。」

「老哥真行！」

「吃魚還不費勁兒啊。」

「……」

老哥倆邊嘮邊吃邊喝，不覺三星出來老高了。黑老頭說：「我得回去了，省得家裡人惦記著。」

趙成也不強留，黑老頭走了，他也歪倒睡了，還打起了呼嚕，睡得挺香，第二天早起，身上依然熱乎乎的。

不一會兒，黑老頭又來了。今天叫他上北坡去打圍。趙成真的上了北坡，又遇上了一群鹿，也像有人趕仗似的。他對準一個帶茸角的公鹿就是一槍，當然沒跑了。晚上，趙成把鹿拖回倉子，黑老頭早在那兒等上了，而且魚都燉好了。老哥倆照樣喝了一頓，黑老頭回家，趙成睡覺。

一連十多天，天天如此。趙成沒有一天空手的時候，大小都能得點兒，心裡很滿足。可他奇怪的是，為什麼每天晚上都睡得很暖和呢？這天晚上，他少喝了幾盅，躺在炕上眯著眼聽動靜。不一會兒，黑老頭悄悄來了，從身上脫下件衣裳，輕輕給趙成蓋上，然後出門走了，趙成立刻覺得身上熱乎乎的。第二天一醒，衣裳不見了。

又過了三天，黑老頭對趙成說：「山神爺要來了，你該下山了。臨走，我沒別的送你，你那天在飯館救了我一命，我送你一件衣裳吧，到當鋪賣了，回

家吧。」說著,脫下件衣裳遞給了趙成。趙成正準備道謝,眨眼,黑老頭沒了。

趙成一算,也快到年跟底了,打的山牲口也不算少了。便雇了張爬犁拉著回了甸子街。晚上,到店裡住上,想起了那件衣裳。從包袱裡拿出一看,哪是什麼衣裳啊,是一件上好的貂皮,這時,趙成恍然大悟,黑老頭原來是個紫貂精啊!怪不得身上不落雪,衣裳蓋在身上熱乎乎的呢。

趙成把貂皮拿到當鋪裡,賣了很多錢,回老家了。

關於關東山三件寶的傳說,說法是這樣的,相傳在樺甸江東的江沿兒上,住著一個老漢,領著一個兒子過日子,在江邊上蓋一個馬架子房,種二畝薄田,收不收糧不要緊,每年都指著打圍為生。

在他們住的嶺後,有一老漢,也是指著打圍為生,一輩子跑腿兒,性格孤僻,不愛和人來往。嶺前那個老漢幾次勸他合夥兒,他就是不幹。

一年立冬,半夜下了一場小雪。第二天早晨,嶺前那個老漢的兒子到井泉子去挑水,發現了一溜小腳印,前尖後寬,看上去像個民裝腳——小腳女人踩的。小夥子出於好奇,放下扁擔一碼溜子,這腳印是打松花江裡出來的,哩啦歪斜,走到井泉子進去又出來,朝嶺後走去。看樣子這腳印是打松花江西沿兒過來的。

小夥子端詳了半天這溜小腳印,心裡發毛,哎呀!這裡很少來過女人,況且又是大清早,腳印又是打江裡上來的,又下過井泉子……是鬼吧!他顧不得挑水,回家去氣喘吁吁地說:「爹!來鬼了!」

老漢這時候還沒起炕,聽兒子一喊,急忙披著衣服出來說:「在哪兒?快領我去看看!」爺倆來到井泉子邊上一看,果真有一溜小腳印。老漢一端詳,那腳印好像民裝腳印,可又不太像。仔細一辨認,倒像個矮腳野獸的後腿連著拉提拐著地踩出來的。再看那腳印朝嶺後走去,說不定會出了亂子,就讓兒子裝好兩支火槍,顧不上吃早飯,順著腳溜子朝嶺後碼去。

果不其然,那溜腳印打嶺後老漢的後窗戶鑽了進去。爺倆來到窗前舔破窗

紙一看，嚇！屋裡的老漢還沒睡醒，枕頭邊上蹲著一個白東西，二尺多長，雪白的毛，看上去像狐狸又不是狐狸。只見那東西前爪掀開老漢的被角，張著大嘴，正在琢磨著要咬斷老漢的喉嚨！

爺倆在窗外著了急，想要開槍打吧，害怕傷著人。老爹悄悄對兒子說：「你轉到前邊去弄個響動。」兒子會意，悄悄轉到房前用手一敲窗櫺。那白東西聽見響動，抬起頭尋找。說時遲，那時快，房後的老漢舉槍瞄準那白東西的頭，「叭」的一槍，把它掀掉地下去了。睡覺的老漢也被槍聲驚醒了。

爺倆進屋把這前後經過一說，老漢感謝爺倆救命之恩，把那白東西拎起來一看，原來是只白貂！他就把那白貂剝了皮，把肉燉上三個人喝了一頓酒。喝酒之間，嶺後的老漢感到確實孤單，就答應搬到嶺前合夥兒。搬家的時候，把那張白貂皮捎上，看看不值幾個錢，順手扔在馬架子房頂上了。

到了年底，永吉縣烏拉街打牲烏拉衙門來了一夥人，向老漢收皮張進貢。老漢說：「今年冬天也沒打著像樣的皮張，只有房頂上那張白貂皮，你們實在要，就拿去吧。」大夥往馬架子房頂上一看，只見房蓋西頭是厚厚的一層積雪；房蓋東頭扔白貂皮那半截兒，連一個雪花也沒有。大夥都挺納悶兒。

一位頭領感到這張皮子可能是個寶物。他命人取下皮子，摟了一捧雪往上一灑，不大一會兒，那雪都化了；用手抖落抖落，連一個水珠兒也沒進去。頭領喜出望外，把那張白貂皮送回烏拉街，轉道北京進貢去了。

打那以後，人們才知道貂皮是個寶。加上人參、鹿茸角，合稱關東三寶。

四、關於狼的故事

在北方，狼是很多的。

在荒涼的草原上，狼可以成幫結隊地出現，吃掉人和牲畜，而且，惡狼可以在大白天進到人家的院子裡，公開大膽地在人家的雞窩中掏雞來吃，真是可惡極了。

有個人，去甸子街（舊時撫松的老名稱）賣牲口，叫九隻花臉狼給截住

了，咋過也過不去。這一帶叫半截河子，村裡有一家姓蘇的獵戶，是個外鄉人，帶兩個孩子，在他一個遠鄉的三叔家落了腳，一聽說花臉狼在這一帶傷人，他就瞄上了，一連氣打死了七隻，還剩兩隻老花臉狼了。這天晚上，老蘇頭讓牲口販子把牲口趕進他的院子，他預備個垜叉，就在窗檯底下搭個鋪守著。

晚上，只聽牲口圈裡「撲通」一聲，老蘇頭衣服也沒來得及穿上，只穿著個褲衩子，就起來了。狼一看來人就跑，他一垜叉就插上了。花臉狼沒死，一口咬住老蘇頭腿肚子不鬆口。

這時，老蘇頭的垜叉也拔不出來，狼也不鬆口，蘇老漢疼得渾身發抖，也沒勁兒了，想喊來人，可是發出的聲音「吱吱」的。

屋裡的人就聽見好像有人喊：「三嬸……」

他三叔說：「誰？」他三嬸說：「誰在喊我！」

他三叔和幾個人出去一看，才知道蘇老漢都嚇變聲了。抬進屋不幾天，老漢連嚇帶傷，死了。老蘇頭死後，扔下兩個孩子，那年也就是十一二歲，聽村裡到處傳說爹臨死前都嚇變聲了，誇海口說打盡花臉狼也沒打利索，心裡不服氣，要替爹爹除掉這隻狼。這一天，他們一人拿個小斧，一人拿著套子就上了山。

那時，九隻狼就剩下一隻，這才奸呢！它總是躲開獵人的套子，從不走回頭路，小哥倆就動了腦筋了。

再說，離這家不遠有一座老爺府，誰家死了人都上這兒來燒紙送湯。可是最近，老爺府後邊總出事，好幾家姑娘媳婦去燒紙報廟都讓什麼咬死了。村裡傳說有鬼，天一黑，大夥就不敢出門了。可是一到夜裡，老爺府後的林子裡就傳出哭聲，就像女人哭爹喊娘一樣，細一聽，還有「嗷嗷」的叫聲。蘇老漢的兩個兒子明白是咋回事了。第二天，小哥倆在老爺府前後左右的草叢裡下上了套子。一連三天，沒有哭聲。第四天早上，哥倆早早上了山，只見套子上套了個東西。

哥說：「那是什麼玩意兒？」弟說：「狗。」哥說：「不像。你看它直齜牙！」

哥倆上前按住，用屁股壓著那傢伙的脖子，把腿和脖子都綁上了，嘴巴勒得緊緊的，拖回村去了。

一進村，大夥問：「什麼玩意兒？」就圍上了。

「狗！也不像啊！」有些人根本不信兩孩子也能逮住狼，說：「起個名吧！就叫『兔孫』吧。」「兔孫抓它幹啥，放了吧……」說著，動手去解。

這時，一個老爺爺走來，看了看說：「別動！這就是老花臉狼，快成氣候了。老蘇家倆小嘎真能耐！」大夥一聽，嚇出一身冷汗，一頓家什把它打死了。從這，夜裡老爺府再也沒有女人的哭聲了。原來，老狼是專門在老爺府等著小哥倆去哭爹，好吃他們，沒想到上了小哥倆的套子。從那，爺仁打狼的故事就在這一帶傳開了。

在北方的狩獵習俗中，一個勇敢的獵人往往要有一件「狼皮背心」，才算英雄。

據說，一個真正的獵人能獲得一件狼皮背心，也是不容易的。好狼皮背心，獵人外出穿在身上，一有人在背後襲擊，狼毛立刻立起來，給獵人「報個醒」；晚上睡覺，鋪在身子底下，一有什麼風吹草動，狼毛就會立起來報信。

這是怎麼回事呢？據說，做這樣背心或褥子的狼皮要活扒才行。

這樣的狼，獵人要從小養著。當母狼生下一窩狼崽時，獵人要觀察好狼洞的位置，某一天，當老狼出去打食時，獵人要大膽地鑽進狼洞，用鋼針扎瞎小狼的眼睛，放出眼水，然後趕快退出。

老狼回來後，不知自己的孩子為什麼看不見什麼了，只是一個勁兒地打食來餵。

而小狼呢，由於瞎，一個個的不敢出洞，從此皮毛不經風吹日曬，長得又油又亮，十分滑潤，更主要的是，小瞎狼由於眼瞎，造就了它們靈敏的生活神經，一有動靜，立刻反應在皮毛上，於是，一種珍貴的皮毛便形成了。

到了秋八月，小狼一個個長成了。這時獵人趁某一天老狼不在，大膽地進狼洞用袋子把它們一個個地活捉，背回家，再一隻隻地活扒皮。

活扒的狼皮，就具備了上述的特點，獵人誰獲得了這種褥子或背心，就說明他機智和勇敢。狼肉不好吃，打狼主要是為了要皮張，狼皮也是很值錢的。

五、老耗子

耗子皮是非常柔軟的皮張，北方獵人喜愛它。

可是，捕耗子，卻是很難的一種狩獵活動。

在早，在樺甸西有個卡拉窩鋪，這兒住著一個打獵的，姓吳，叫吳兩眼兒，是說他的槍法准，一槍兩眼兒。這人不但會使槍，還會使夾子、籠子、套子什麼的，是遠近聞名的老獵手。

一年，他們這兒鬧起耗子來，各種耗子成幫結隊，大白天都敢公開在土道上出出進進，而且，還敢上人家的屋裡偷油喝。

吳兩眼兒氣壞了，他決心治治這些耗子。

別人也說：「吳炮，你不換換帽子？」

他說：「換。今冬准換！」

「換什麼皮？」

「當然是老耗子皮的。」

看來，他是下了決心要對付這些張狂的老耗子。

幾天來，他天天叼著煙袋，坐在路旁的一棵大樹上，觀察來來往往的耗子的行動，真就發現了一些「內容」。原來，在所有耗子出動時，有一隻老耗子，背上的毛已掉光，露出光板板的皮殼子，足足有一隻大貓那麼大，而且由八隻大耗子抬著，它仰殼躺在上面，四腿亂蹬，吱吱叫喚，指揮眾耗子。

觀察好了，吳兩眼兒第二天早上早早就爬上了樹，把雙筒獵槍裝滿火藥，單等這老傢伙出來。頭晌太陽升起一竿子高了，突然間眾鼠不知從什麼地方冒了出來，直奔已收割完還沒往家拉的稻田地……

這是莊稼人一年辛苦的果實啊，可這些耗子，一個個不管不顧，到了稻田地，大口大口地把稻子撈下來，又抱回他們的洞穴中去，而那隻大耗子又出現了，還是由八隻耗子抬著，耀武揚威地指揮著。

吳兩眼兒一看就火了，他操起火槍對準老耗子「咕咚」就是一傢伙，只見眾耗子們撒腿四處就跑，轉眼間就無影無蹤了。硝煙漸漸消盡，吳炮瞪眼一看，老耗子還是仰面朝天地倒在八個耗子的背上，槍砂子在它身上沾了一層。只見它輕輕一抖，那些槍砂一下子全掉了。老耗子「哈哈」大笑起來，還是大模大樣地搬運糧稻。

吳炮這下可來了氣，他又重新裝了兩管散砂，瞄準正在搬糧的一大群耗子，「咣」的又是一槍，只見火光一散，耗子們死了一片。

老耗子急眼了，衝著吳炮一聲怪叫，只見許多耗子直奔吳炮的那棵大樹而來，他們你一口我一口，狠狠地啃咬著大樹，不一會兒，挺粗的一棵大樹，就被耗子啃得只剩下碗口粗了。

吳炮打了一輩子獵，還沒見過這陣勢。

他心裡有些害怕，但畢竟是久經獵場的老手，他於是狠了狠心，順兜掏出「子母炮」，裝了上去。這子母炮是最厲害的火藥，殺傷力極大，是他特製的，不到萬不得已他不會使用。

這時，說時遲，那時快，吳炮一扣扳機，「咕咚」一聲，坐在眾耗子背上的老耗子，一個跟頭跌下來，別的耗子一看，急忙怪叫著，四處逃開了。

那大耗子倒在地上，還是四腳朝天，亂叫亂喊，企圖集合眾耗子，可是一見吳炮又裝上一個「子母炮」，它嚇得從地上爬起來，掉頭就跑。吳炮從樹上跳下來，端著槍就追，一直追出五里多地，大耗子一下子鑽進土崖下的一個洞裡去了。

吳炮一看它進去了，氣得大罵：「老東西！我等你兩年也要把你等出來！」

於是，吳炮弄了十盤夾子下在了洞口，又通知家裡人，天天給他送飯，他

在耗子洞口不遠的地方蓋了一間窩鋪住了下來。他是不打死這老耗子不安心哪……

可是，吳炮端槍坐在洞口等了二十多天，也不見洞內的動靜。他圍著山包轉了一圈兒，也不見有別的洞口，可就是不見它出來。

這可急壞了吳炮，也急壞了老耗子精。

老耗子精一看洞門口下了十盤夾子，又有吳炮端著槍等在那裡，旋也旋不出來了。本來它是會「旋」的，就是起空。於是決定倒土。

那時節，天下霜，已經開冷了。

於是老耗子就往外倒新土，一點點鋪到夾子跟前了。開始，吳炮想，我讓你先倒著，等你倒差不多了，往外一跑，我一槍放倒了你。

這天夜裡，天十分冷。

吳炮端槍坐在耗子洞口臨時搭的窩鋪口，等著等著，就有點兒困了。也不知迷糊了多長時間，等他再睜眼一看，老耗子倒出的新土把夾子鋪上，土凍住了夾子的「銷弦」，老耗子出來，已踩著凍土從夾子上溜走了，夾子的新土上有一排又大又清晰的老耗子的腳印兒。

吳炮後悔地打了個唉聲，也站起來，走了。

從此，他再也不打獵了，因為他竟然沒打住一隻老耗子，他是無臉見家鄉父老。

六、豺狗子

長白山老林子裡，有一種山牲口，名叫豺狗子。它個頭跟小哈巴狗差不多，黃毛、長尾巴，眼睛通亮。這些小傢伙常常成幫結夥，對付大山牲口很有經驗。民間傳說它們是一幫獵手變的。

早先，東北原始森林裡到處是人參、藥材、飛禽走獸，那裡土地肥沃，草木茂盛，真是個謀生的好地方。可就有一宗不好，人煙稀少，野牲口太多，放山的、做木頭的、種地的，叫它們給禍害的無計其數。

後來，長白山裡來了一幫打獵的，他們單找山牲口打。各種各樣的山牲口被他們打死的真不少，當地的人們生活安穩多了。獵手們到哪裡，都受到熱情招待，臨走，鄉親們還戀戀不捨地送別他們。

有一年，一個屯子遭了老虎的禍害，不少牛羊被吃掉，好幾十口人受害。獵手們聽說，就急忙趕去，「叮噹」一陣猛打，打死了十幾隻老虎，對受驚逃跑的老虎，他們就窮追不捨。追呀，追呀，一天過去了又是一天，他們翻過一座大山，又是一座大山，不知蹚過多少條河，跳過多少條澗，穿過多少片老林。一路上，他們又打死了很多狼蟲虎豹。

就這樣，半個多月過去了，他們來到了一個險要的地方。這裡到處都是大山砬子，到處都是密不通風的老林子。他們轉著轉著，就迷失了方向。吃的早就沒有了，火藥、槍砂子也用完了，他們只好採點蘑菇、野菜，填填肚子。

他們吃不上飯，喝不上水，衣服也破爛不堪，連餓帶渴，連累帶病，終於一個個倒下去了，抱著五齒鋼叉死去了。據說，死後就變成了豺狗子，五齒鋼叉變成了鋒快鋒快的爪子，專吃禍害人的凶狠的大山牲口。如果哪兒有了老虎、有了紅眼狼，就「唰唰」地叫著，從四面八方把老虎圍起來。有的在山豁口坐圍，有的去趕仗。老虎一聽到它們的叫聲就嚇破了膽，沒命地跑。坐圍的那幾隻豺狗子瞅老虎跑近了，就從草窠裡抽冷子跑出來，一個高兒就跳到老虎的脖子上，尖尖的爪子就抓進老虎的骨肉裡。接著，那些豺狗子「唰」一聲飛到老虎肚囊子上，一爪子抓出心肝五臟，它們就開始吃起來了。吃一陣喝一陣水，喝一陣水再吃一陣，直到吃得只剩下一堆骨頭棒子，它們才各自散去。山牲口別說見到它們，只要聞到它們的味兒，就嚇得跑出老遠。

它們對山裡人可真好。你走進深山老林裡，天黑了，找不到住宿，就在大樹下把鞋一脫，說：「豺狗子，我不走了，就在這兒睡！」那你們就只管放心地睡好了。它們準能來叫兩聲，在你四周撒上一圈尿，啥樣的山牲口也不敢來了。你遇上它正在吃老虎，只要說一聲：「別吃了，給我留點兒吧！」它抬頭瞅瞅你，「唰唰」叫兩聲，擺擺尾巴就走了，給你留下一堆虎肉。

山裡人沒一個不打心坎兒裡喜愛豺狗子的，它來了，人們就把魚呀、肉呀的扔給它吃，都親親熱熱地叫它們為「山炮手」。所以東北有句趣話，叫豺狼是人的朋友。

一部古老的狩獵日記——《高興》

在人類的生存史上，一定有一個人和鳥及各種動物對話的時期，那是原始人深刻地認識自然認識世界的歷程，那是通過多少代人辛勤勞動和實踐積累下的全人類的精神財富，那是一份人類不該也不能放棄的精神遺產，因為這是人類征服自然的重要的歷史見證。

據民間傳說，從前有過一個叫公冶長的人，懂鳥語，還能與鳥對話，並認真編寫了《百鳥語大全》。

一天，他忽聽一隻烏鴉在房前大柳樹上朝他直叫，細一聽，鳥在說：

> 公冶長，公冶長，
> 南山死隻大綿羊；
> 你吃肉，我吃腸，
> 剩下骨頭喂狗狼。

於是，公冶長去了，果然如此。可是他沒按鳥說的去做，吃完了肉，把腸子和骨頭都埋起來了。接著，鳥便報復了他。

可見，人類是希望懂得鳥的語言的。這個故事說明了人類很早就注意到了「聲音」這個表達思想的重要「語彙」了，並企圖在人類之外的動物那裡也去熟悉表達它們思想的語言規律。陳源在《社會語言學》中也談道：懂得鳥的「語言」，有助於保護機場、菜園、養魚場不受傷害。從技術上說，我們的研究工作可能有利於機器上交際系統的研製。

鳥的叫聲，能否被人們破譯？鳥的聲音中，有什麼規律可循？人類早已創造了許多關於鳥的叫聲的「文化」。如《車伙子雀》（見《吉林民間文學集成通化市區卷》）作者劉殿祥和《老闆子雀》（見《吉林民間文學集成梨樹縣故

事卷》）作者鄭連慶說這種鳥的叫聲是「得兒駕駕駕，得兒駕駕駕」。這種鳥的叫聲和趕車的聲音一樣，可見是車老闆子們對鳥語的破譯，而這種鳥確實在大車前後飛來飛去，發出的聲音和趕車的聲音一樣。

同時，不能不說明，《車伙子雀》和《老闆子雀》，都是趕大車行幫的思想文化的產物，故事通過聲音反映了這一行人的思想情態，因此這些故事就是大車行的重要的文化資料了。

聲音是一種「語言」，也是一種文化。聲音作為「語言」應用在某一類行幫中，已是無可非議的了。比如，挖參人能從鳥的叫聲中聽出「故事」來。有一種鳥的叫聲是「王乾哥——！李五——！王乾哥——！李五——！」據說是兩個人的名字，一個叫王乾哥，一個叫李五，二人結伴在山裡挖參，後來走散了。二人互相惦記，日夜尋找，死後化作兩隻鳥，還在日夜叫著尋找對方。又說，凡是有這種鳥的地方，就會有人參，也有人叫這種鳥為「人參鳥」。

究竟是鳥的叫聲引出的故事，還是故事編出了鳥的叫聲的特點？不管從哪個角度去分析，人類曾經有過這個重要的歷史階段，而一部記載遠古狩獵活動的重要資料——《高興》的被發現和被恢復，應該是這個歷史階段得到開發和認識的重要開端。

我先後五次去長白山的十四道溝，只為考察這部失傳的十一代狩獵世家祖上的「獵書」——《高興》。據說這部書是描寫狩獵老人金學天的祖先和他的族人如何外出狩獵，如何打獵的，又如何返回居處，回來後如何把狩獵的過程和心情講述給家裡的人聽的。這是一部狩獵先祖如何同大自然搏鬥和生存的重要文化實錄，它有著真正的科學內涵和豐富的文化資源。

唯一可以恢復這部珍貴文化遺產的，可能就是這部書的第十一代傳人、長白山區著名的老獵人金學天。

我最後一次見到他，是在一九九九年五月二十一日。這天天氣晴朗，雨季還沒有到。我一大早乘車從長春出發，直奔長白縣。整整一天的長途跋涉，晚八時，天已黑透了，我來到了長白山深處，吉林省最邊遠的小縣——長白。

這兒隔著鴨綠江對岸就是朝鮮，而金學天居住的十四道溝還距這兒有一百多里路。第二天我乘五點的早車直奔十四道溝。當我匆匆地來到他居住的草房時，發現院子裡靜靜的，彷彿無人居住。我心下一愣，他哪兒去了呢？他家院裡的老黃狗突然「汪汪」地叫了起來。這時，在那快要倒塌的房子裡，傳出一陣蒼老的聲音：「啊！啊！誰呀——！誰呀——！」

聲音渾濁、驚恐而又淒苦。

我聽出來，這是金老漢的聲音，是一種病態的絕望的呼喚，我於是趕緊推門走了進去。

當我低著頭踏進他家那低矮而又陰暗的朝鮮族小屋的門時，往裡一望，在低低的房屋裡，暗暗的炕上，金老漢縮在那裡……

我當時便吃了一驚。

這就是世上唯一活著懂鳥獸語言的老獵手金大爺嗎？去年我來時，他還好好的，身子骨也很硬朗，並同我一塊上山，在他的窩鋪前向我當場表演動物的動作和叫聲，而現在，他癱在了那裡，臉也歪了，嘴也歪了，脖子也斜了；他得了重病腦血栓，民間稱「偏癱」。

見了我，老人大顆的淚珠從他蒼老的臉上一對一雙地淌下來，他用說話很費勁兒的嘴，向我敘述他得病和發病的過程。

老漢說，大約是去年（1998 年）的八月十五日，他在院子裡拔草，只覺得迷迷糊糊地就倒下了。也不知過了多久，他慢慢地醒了，可是，起不來了；又使勁兒一起，手不聽使喚了……

他大喊：這是怎麼回事？快來人哪！

在山上放牛的老伴聞聲趕回來了，問：「你怎麼了，手咋不好使了呢？」

她再扒拉金老漢，可是金老漢不動了，是急性腦血栓。從此，左手和腿都不好使了。

我們終於又提起他家從前失傳的那本古老的狩獵日記《高興》的事了，他於是又給我進行描述。以下是我記下的他幾次對《高興》的表述情況實料。

通過與當地狩獵故事的比較，整理出這十個方面的內容。

一、虎　嘯

金學天在描繪《高興》中虎嘯的內容時使人感到萬分的恐懼，他先把嘴一下子歪向左側，嘴角立刻奔向耳根，由於嘴的扯動，鼻子歪向一方，右側的臉上諸多條皺紋集中擰在一起，那些皺紋彷彿是一條條歷史的鴻溝，把人的記憶帶向遠方。由於左眼變小後，右眼反而睜得更大，而且炯炯放光，他的兩條胳膊和手指虎爪般地前傾，同時嘴裡發出虎要撕爛一切的猙獰的吼叫……

這就是他所表述的虎嘯。

他對祖先們狩獵歸來如何獲獵了老虎的過程的一整套描述，傳遞和傳承了人類對自然的理解和認識。這已不是獵人如何在捕虎獵虎的述說，因人在虎面前是那麼渺小，人對虎的模擬再像，也不能把巨大的山神爺嚇跑，而這種模擬其實是在向人們講述獵人在與野獸的對峙中的悲壯歷程，那是一種生與死的歷程。

他在「模擬講述」時（這是我創造的一個詞組，是指金學天用舞蹈和臉、手的動作向我們講述他祖先的《高興》這部獵書的內容），彷彿周圍一切都不存在了。他自己已進入到茫茫的原始老林中，虎來了，張開血盆大口就要吞下一切生靈。生靈面視著虎，展開生與死的搏鬥，在這時，人類的一切說教、理論、情感、倫理，都顯得蒼白無力而且是可有可無。

金學天的狩獵舞蹈和對動物語彙的描述資料，使人從中頓時領悟出人類生命本身的一種悲壯。狩獵是人類千百年來流傳下來的生存方式，而真正對這些方式的蒐集和總結，又是多麼珍貴的文化人類學資料。這是原始文化的遺存，是一個狩獵世家世世代代所使用的一種生存「理論」，是他的家族用生命和鮮血寫就的一部人類生存的文化史。他的描述，惟妙惟肖，虎猙獰時的惡貌，吃人時的凶狠，都在每一個動作和表情的細節之中展示出來了……

我曾經想，這是否是一種狩獵巫術，是人在對付大型野獸之前對天、對

地、對各路原始神靈的一種祭祀儀式，通過這種方式，祈求神的保佑，以便戰勝對方。當然，巫術演繹的「敬」包涵著恐懼的因素，恭敬是人類為了逃避恐懼的一種表現，而又描述了人類對獵虎的過程的認識。比如他在學虎嘯後，突然向前一跳並彎腰去抓什麼。

我問這是抓什麼。他搖搖頭，似乎想不起來了，因為年代已經太久遠了。可是，當我問到一些老獵人時才知道，這個動作，可能是抓虎針。關於「虎針」的形態，民間有好多這方面的故事。傳說從前，有個獵人，長得膀大腰圓，膽子也大，還有一手好槍法，在深山老林裡靠打獵為生。

在一個大雪封山的冬天，獵人又進山了，走著走著，突然吹來一股冷風，一隻斑斕猛虎「呼」地撲到他的跟前，舉爪向他抓來。獵人急忙舉槍瞄準，還沒等老虎的爪子落在他的頭頂槍就響了。由於著急，槍口一偏，只打中了老虎的脖子。老虎疼得大吼一聲，把林子震得打戰，撒腿就向山下跑去。

獵人大喊一聲，順路追去。老虎只顧逃命，跑到了結冰的河面上，冰面很滑，虎摔了一跤又一跤。這時獵人追了上來，瞄準老虎「叭」的又是一槍。老虎「嗷」的一聲，跳起老高，重重地摔在冰面上，死了。

獵人走到死虎的跟前，看到一根銀白色的閃亮的東西在冰上滴溜溜地亂轉，可把他樂壞了，脫口喊了一聲：「虎針！」就貓腰捏住，拿了起來，跑到岸上用腰刀削下一塊樺樹皮，在裡側劃了一刀，分起層，將虎針放到中間，捲了一個捲兒，小心翼翼地揣到懷裡。

據老一輩獵人說，「虎針」是世間的奇寶，十分難得。因在冰面上，虎針才不能跑掉。得到「虎針」的人，能看清地下埋藏的寶貝，還能看出人是由什麼托生的。

獵人今天可走運了，得到了這麼珍貴的寶物。他歇了約莫一袋煙的工夫，才想起應該讓家裡人開開眼，便起身拾起一個大樹枝子，拖著死虎向屯子走來。

到了家中，他沒看見自個兒的老婆孩子，卻看見炕上有頭老母豬和兩個小

豬崽兒跑來跑去，氣得他順手抄起門邊的大棒子，「噼里啪啦」地一頓狠打，不一會兒，三頭豬都被打死了。等鄰居聞聲趕來看時，卻發現他的老婆和孩子都死在炕上，他卻站在地上喘著粗氣。

一位老獵人看見他這樣子，又看了看地上的死虎，便知道是「虎針」作怪。經再三盤問，獵人猛然想起身上帶著「虎針」，便急忙跑到後山，把「虎針」藏到一棵樹上，返身回到家中。進屋一看，傻了眼，老婆孩子都直挺挺地躺在炕上，連熱乎氣都沒了。他哭得直撞南牆，悔恨自己樂極生悲，惹下這麼大的禍。

這時，官府差人趕來，將他捆綁起來，和死虎一同押到衙門大堂。縣官把驚堂木一拍，厲聲喝問他：「為什麼打死家口？」他沒敢實說，是懷揣「虎針」的緣故，只說打死虎後精神有些錯亂，稀里糊塗將妻小打死。人死不能復活，願意抵命一死。縣官一見那隻大老虎，便喜上眉梢，轉念一想，死者又無冤主，何苦再傷人命，於是判打虎人被猛虎嚇瘋，誤傷人命，死罪不究，亂棒打出。死虎抬到後堂。

獵人回到家，埋葬了妻小，在墳前痛哭一場。他覺著，老婆孩子都沒了，再待在屯子裡也沒什麼意思了，便到後山樹上取出虎針，收拾收拾進了深山老林，從此再也沒出來。

其實「虎針」不過是虎這種動物在臨死前向人類的一種示威，它也不願意將自己最珍貴的東西留給打它的人，所以力圖毀掉，而獵人往往試圖保住「虎針」。這是一個十分重要的狩獵過程的記載。而這種原始的狩獵體會卻在《高興》中得以體現。足見老人模擬的鳥獸語言包含著多麼豐富的文化內容和重要的歷史形態。

二、熊　奔

金老人描述《高興》中熊的動作，典型的表像是雙腿微微下蹲，兩手耷拉下來，張開嘴，舌頭向下伸出，眼向上翻，然後雙腳一前一後地踩動著大地，

向前走去。同時嘴裡發出「咔、咔咔咔咔，咔、咔咔咔咔」的響聲。

　　他走時，腳掌有力地踏著地上的草土，使塵土騰騰地升起，配合著他嘴裡發出的嗷嗷的吼叫聲，震得山谷響起巨大的回聲。

　　而獵人們認為熊是一種頑強的動物，人對它的認識是深刻而又具體的。

　　唐振永先生蒐集的一篇關於熊的故事，說從前在長白山黑瞎子溝一帶，熊瞎子多，有一隻老黑熊格外地凶，放山打圍的不知被它禍害了多少，一般人輕易不敢到這兒來。

　　當時有個姓徐的老炮手，身下有一個十五六歲的兒子叫徐成。爺倆靠打獵為生。老炮手聽說黑瞎子溝一帶的熊瞎子經常禍害人，就準備進山為民除害。這一天，他把徐成叫到跟前說：「兒啊，我要進山，若是我回不來，你要在家好生練武藝，長大為我報仇，為鄉親們除害。」老人說完，帶上獵槍、火藥，插上獵刀進山了。

　　自打父親進了黑瞎子溝，徐成就在家裡天天盼、日日等，等啊等，一直等了三個月，父親還沒回來。他有些著急了，擔心父親是不是讓熊瞎子給害了。又過了幾天，果然有人把他父親的獵槍、獵刀給捎回來了。來人告訴他，他父親在山裡和那隻老熊瞎子打仗的時候，讓老熊瞎子給糟踐了。徐成聽了，捧著父親的遺物放聲大哭起來。哭了一陣，他跪在地上發誓，一定要替父親和死難的鄉親們報仇。他遵照父親的囑咐，天天在家練武藝。他白天瞄飛鳥，夜晚瞄香火頭，就這樣，足足練了三年。他的槍法練得很不一般了。一舉槍，天上的小鳥就能打下來。不用瞄準，槍頭一甩，正在飛跑的東西會隨聲倒下。他也由一個孩子長成個大小夥子，身子板壯實得像隻小老虎，一伸胳膊能扳倒一頭大牛。

　　這天，他決心進山為父親報仇。收拾了一下行裝，帶上父親留下的獵槍、獵刀，便進了山。來到山裡，他向當地的獵手問明了情況，一清早就直奔黑瞎子溝去了。開頭，他在山裡轉悠了兩三天也沒遇到一隻熊瞎子，心裡很煩悶。這一天，他正向老林子裡走，忽然遠處傳來一陣「咔嚓咔嚓」的響聲，他連忙

藏在一棵大樹後。過不多會兒，從林子裡「呼哧呼哧」地走出兩隻黑熊，看那個頭，少說也有六七百斤。徐成一見，頓時怒火填胸，兩眼怒瞪；他輕輕掰開槍機，按上一個炮子，端起槍等著。兩隻黑熊越走越近，當離他只有三十來步遠的時候，他瞄準頭前那隻「當」的一槍，那隻熊哼了一聲，往前一栽，倒下了。後面那隻發現有人，「嗷」地叫了一聲，順著火藥味撲過來。徐成一著急，嘴裡舌頭一打卷，發出「咔、咔咔咔咔」的響聲，熊立刻愣了，忽地一下子站起來。它這一站，胸前那撮白毛正好露出來，徐成趁機把槍一舉，「當」的一槍，打中黑熊的心口窩，熊瞎子往前躥了幾步就撲地倒下了。

徐成走過去，拔出刀，把兩隻黑熊開了膛，摘出熊膽，又繼續往林子裡走。就這樣，他在這一帶轉悠了一個來月，可就是沒遇到那隻老熊瞎子。

這天，天近傍晚了，徐成感到有些疲乏，想找一個地方歇歇腿再走。四下一瞅，發現前面有棵幾抱粗的倒木橫在那兒。他走過去倚著倒木坐下，放下背夾子，把槍靠在身邊，掏出幾塊鹿肉乾嚼著。猛地，他發覺身後有動靜，回頭一看，不禁吃了一驚，原來倒木後站起一隻大熊，正向他撲過來。徐成操起槍就地一滾，滾出有一丈多遠。熊瞎子撲了個空。徐成站起來定睛一看，這只熊立在那兒活像一座小山，少說也有一千多斤，頭上有條傷疤，是一隻受過傷的孤熊。徐成一看，這不正是自己找了一個多月的老熊嗎？他恨不能一槍把它穿個透心涼。他一邊向熊的嘴裡瞄準，一邊發出「咔、咔咔咔咔」的響聲，熊以為四周又有獵人，它一回頭，鉛丸子正好打在黑熊的肚子上，把肚皮掏了個大窟窿，腸子「咕嘟」一聲冒出來。這一下熊瞎子急眼了，用兩隻前爪把淌出來的腸子一把扯斷了，抓起一把草把傷口塞上，又向徐成撲來。徐成縱身一跳，跳到倒木後面，熊也跟著爬過去。徐成又跳過去，熊緊跟著又爬過來。就這樣跳過來，爬過去，一連幾十個來回，老熊由於受了傷，動作漸漸慢下來，徐成也累得呼呼直喘。他趁老熊動作一慢，趕緊裝上槍藥，按上槍子兒，等它又跟著爬過來的時候，對準它的腦袋瓜，猛一摟火，糟糕，槍沒響。原來是個空子兒。老熊在徐成舉槍的當兒，一爪子把槍抓了過去，「咔嚓」一聲擸成兩截，

隨後用蒲扇大小的爪子來抓徐成。徐成躲閃不及，膀子被掃了一下，被抓下巴掌大小的一塊肉來，徐成忍住疼痛，抽出獵刀，大吼一聲，把刀刺進熊的心口窩。熊伸出爪子來抓徐成，徐成把頭一低，用頭頂住熊的下巴，讓它啃不著自己。又把身子緊緊地抵在熊的胸前，手裡的刀猛勁兒一擰，熊瞎子兩爪在徐成背上亂抓。徐成和熊瞎子相持了一會兒，終於昏倒了。當他醒過來的時候，覺得身上一陣陣劇疼。睜開眼一看，老熊倒在一邊，早已嚥氣了。他掙紮著爬起來，從老熊的身上拔出刀來，把熊劃開膛，取出熊心，雙手捧著，跪在地上流著淚說：「爹爹，孩兒今天為您和鄉親們報仇了。」說完，又昏過去了。

　　在金學天表示的熊的舞蹈之中，往往還透出熊的笨傻和可愛。人們關於熊又有許多其他的趣談，什麼吃梨不咬碎，整個吃進去，又整個地拉出來；什麼上樹吃狗棗子，吃飽了，不會下樹，自己摔下來，這是告訴人們熊的行為方式，也是很有趣的。但特別是獵熊時獵人發出的「咔咔」聲，是一種很重要的原始狩獵文化。

三、狼　嘶

　　金學天描述《高興》中北方狼的特性是奔突撕咬。他先是兩手著地，頭始終向上努力抬起，眼、口、鼻均做猙獰狀，突然後面雙腿一蹬，一下子便可懸起來，撲向前去，對樹或草影拚命撕咬。我問，如果人給它東西呢？金學天說狼還咬人。

　　舞一會兒，狼整個身體都停下來，只有耳朵突然上下走動。這時，狼的機警、聰穎與狡猾就充分地表述出來了。

　　狼有非常複雜形態的一面，但金學天表述的關於狼的動作卻是非常明確的，對人是敵對者。這是符合民間人們對狼的一種深刻本性認識的。金學天還告訴我狼為什麼叫「張三」。他說北荒上的人嚇唬小孩子時總說：別哭！別鬧！看窗外「張三」來了，張著血盆大口要咬你。

　　人們習慣把狼叫張三，金學天講述了一個挺有趣的傳說。

他說早先，有一個人叫張三。

有一回，張三到人家去上禮（串門），走到半路碰見一個白鬍子老頭，坐在路邊連哼哼帶咳嗽。老頭問：「張三，你幹啥去？」

張三說：「上禮去。」

老頭說：「我給你討個貧（要飯的意思），你給我捎兩個丸子來。」

張三想，去上禮人家的席上每人就不幾個丸子，這是有數的，給你拿來我吃啥。他嘴裡答應著，心裡滿不樂意。到了人家，張三坐上席了，就把老頭要飯的事當成笑話談了，一邊喝酒一邊比畫說：「這個老饞癆，管我討丸子，還給我作了個揖……」

大夥問：「啥樣個老頭？」

張三說：「白鬍子，穿得破破爛爛的……」

大夥一聽，就說：「既然有這事，那你不能不給他帶去，老爺子那麼大歲數了，張一回嘴不容易呀！」說著，大夥都不吃肉丸子了，省下給了張三。

就這樣，張三包了一大包肉丸子。席散了，他搖搖晃晃地來到十字路口，一看，老頭真在等他。張三拿出肉丸子扔過去，老頭就都吃了。

吃完了，老頭抹了一下嘴巴說：「張三有勞你了！」

張三說：「為了給你送丸子，我飯都沒吃好。」

老頭點點頭。又問：「肉好吃不？」

張三說：「好吃！」

老頭說：「那好，我給你個小手巾。今後你要想吃肉就蒙在臉上，你四外一瞅，準有一堆肉，想吃就吃。」

張三聽了又驚又喜，趕忙接過小手巾往臉上一蒙，真就看見不遠處有一堆肉，於是就去把肉吃了。他吃完回來，老頭很高興地說：「這個小手巾就送給你吧！今後你要想肉吃就這樣吃吧。」

從此以後，張三一想肉吃就蒙上這個小手巾，一蒙上就能吃到肉。

這一天，張三的娘家妹子住娘家來，臨走時說：「哥，你送送我吧。」兄

妹倆高高興興地上路了。走在路上，妹子就和他嘮嗑。妹子說：「哥，人家都說你會變狼，真的嗎？」

張三說：「哪有的事！」

妹子說：「你變個我看看。」

張三說：「快趕路吧！」

妹子說：「親妹子求你這一件事都不幹！」

三說兩說，妹子賭氣坐在地上不走了。張三一想，變就變，於是掏出小手巾就蒙在臉上了。他往四外一看，什麼也沒有，只是自己身邊有一堆肉，就吃了。吃完了他摘下小手巾一看，妹子沒了，地上放著一個包袱，正是妹子的，於是就什麼都明白了。

有了這樣事兒，張三一狠心，又把小手巾往臉上一蒙就回家了。他進屋一看，他媽正在屋裡洗土豆呢，他不管三七二十一，把她也吃了，接著把一家人都吃了。從此，張三覺得吃肉好，小手巾也不摘下來了，見誰吃誰，變成了一隻無人性的狼，所以人們管張三叫狼，管狼叫張三。

關於狼，老人還告訴我另一個故事。說過去有個張老太太，年輕時守寡，領著三個兒子過日子。等到大兒子張大能幹活時，她也老得幹不了啥了。家裡窮得吃了這頓沒那頓，靠張大打柴換點兒米度日。

一天，張大上山打柴沒回來，張老太太招呼人去找，在老虎洞前找到一隻鞋，知道是讓老虎給吃了，老太太痛哭了一陣，又讓二兒子張二上山打柴。

真是禍不單行，張二打了不到一年的柴火，在一個下雨天從懸崖上掉下去摔死了。張老太太哭得死去活來，沒辦法，只得讓三兒子張三上山打柴。張三最小，平常都由著他的性子，也不用他幹什麼活。今天張老太太讓他上山打柴，張三火了，說啥也不去，「俺大哥、二哥都是打柴死的，你還想叫我也去死嗎？」張老太太說：「你不去打柴怎麼整？家裡一點兒米也沒有了。我是動彈不動了，但凡有一點兒能耐我也不用你上山呀！」張三說：「我餓死也不去！」就這樣，娘倆餓了兩天，張三受不了了，挎著筐就出去要飯。人家看他

是個十七八歲的大小夥子，都不愛給他，所以要了三天飯，還不夠他自個兒吃的。張老太太看指小兒子要飯非得餓死不可，就拄著棍上鄰居家要點吃的。那年頭要飯的人又多，張老太太也要不飽肚子，實在忍不住了，她又和小兒子說：「三呀，還是去打柴吧，你都快二十了，也該娶媳婦了，不幹點兒活能行嗎？」張三說：「我什麼都願意幹，就是不願意幹活。你再叫我打柴，咱就分家單過！」張老太太可氣壞了，說：「那好，咱分家。你說怎麼分吧！」張三說：「我要這兩間草房。」張老太太一聽，火直往上躥，家裡除了這兩間房子還有啥嗎？她嗚嗚地哭了起來。哭了一陣子，拄著棍子走了，到一個看場院的空房子去住下了。沒有被，用草簾子蓋在身上；沒有吃的，在房前屋後挖點兒野草煮水吃，吃得臉腫了，張三見了也不稀管。

張三自己在家，沒有燒的就拽苫房草，沒多少日子把個房子抽得露了天。實在沒法子，這才硬著頭皮上山去打柴火。到了過半晌，張三背著柴火往家走，忽然看見一條半大小狗，叼著一塊肉骨頭。張三喊了一聲，它就往山裡跑去了。連著三天，都遇著這條小灰狗。他心里納悶兒，這是誰家的狗，天快黑了不回村，卻往山裡跑？張三想，打條野狗回家燻肉吃更不錯。這一天，他不打柴了，拿著斧子躲在樹林子裡，等那條狗來。也就是剛過晌午，那條小灰狗又叼著肉骨頭往山裡走。張三悄悄地跟在後邊，走了不遠，張三看見一個石洞，洞口還有一條大灰狗在那趴著。張三仔細一看，嚇了一跳，這哪是狗哇，分明是只大灰狼！張三嚇出一身冷汗，想跑，又怕狼聽見動靜撞過來；不跑吧，更危險。他看身邊有棵核桃樹，就悄悄地爬上樹。這時，他看明白了，那個小灰狗不是什麼野狗，而是一隻小狼崽，它把叼在嘴裡的肉骨頭送到大狼嘴裡，大狼就啃了起來。大狼怎麼還得小狼餵呢？想到這兒，張三仔細看，這時小狼往洞裡走，大狼咬著小狼的尾巴跟在後邊進了洞。張三明白了，這只大灰狼是個瞎子！不一會兒，小狼又叼著狼屎從洞裡出來，把屎扔在洞外。看到這兒，張三心裡說不上是什麼滋味，當小狼進洞時，他從樹上滑下來跑回了家。到家以後，就把這事兒和街坊鄰居說了。可是人家不相信，張三說：「不信你

們明天跟我去親眼看看就明白了。」第二天，真就有兩個膽大的，跟張三一塊兒上了山。他們三人爬到狼洞前不遠的柞樹上，眼睛緊盯著石洞口。約莫過了一個時辰，小狼出來了，大狼咬著小狼的尾巴跟在後邊。出了洞口，大狼伸了伸腰趴在地上，小狼就走了。過了一會兒，小狼又叼著一塊肉骨頭，送到大狼嘴裡，大狼就舔嘴巴舌地啃了起來。小狼又走了。這回那兩個人相信了。張三說：「這個老狼真可憐人呀！」那兩個人小聲說：「這只小狼可真孝順哪！」張三聽了這話，一陣臉紅。這時，小狼又回來了，它嘴裡什麼食物也沒有。它走到大狼跟前，和大狼嘴對嘴，從自己嘴裡吐出一些水來，大狼嚥了下去。小狼轉身又走了，不一會兒又回來喂大狼水。他們三人明白了，離這不遠有一條小河，小狼準是到河裡含了一口水，回來喂大狼。過了一會兒，小狼又領著大狼進了洞，三個人下了樹回村了。

第二天，村裡傳開了一個順口溜：

張三不孝順娘，

不如前山的狼。

老狼的眼睛瞎，

身邊還有小狼。

小狼能喂老狼，

張三不管他娘。

張三看見小狼喂大狼以後，回家就睡不著覺了，又聽見了村裡大人小孩說的順口溜，才覺著自己做得不對了。第二天，他把母親從場院的小破房背回家，精心侍候，又買藥又買雞蛋，人也勤快了，也孝順了。張老太太病也好了。轉過年又張羅著給兒子娶了個賢惠的媳婦，小日子越過越好了。

關於這種類型的故事，民間流傳很多。

但是民間，人們對狼的本性早已有成熟的看法。說從前有個人叫平安，家

裡很窮，三十來歲了也沒娶上個媳婦。這一天他幹完活，拖著疲乏的身子往家走，忽然腳下被什麼絆了一下，低頭一看是條瘦得皮包骨的小黑狗。他覺得挺可憐的，忙把它抱在懷裡，跑回了家。儘管他窮得吃了上頓沒下頓，但還是節省下來點糧食給狗吃。

經過他精心餵養，這狗很快長大了，取名大青，他們相依為命。這狗就像影子一樣，他走到哪裡它就跟到哪裡。

一天，平安領著大青上山打柴，回來的時候看見路旁有一隻奄奄一息的小狼崽，平安也覺得怪可憐的，於是就把它也抱回了家，精心地餵養起來，並起名二青。過了一年，二青長得和大青一樣大了，肥肥的、壯壯的，怪討人喜歡的，可就是不懂事。這天平安把大青和二青都帶到山上去砍柴。一到山上這二青便撒野地跑起來，任憑主人怎麼喊，他頭也不回，一會兒工夫就跑得無影無蹤了。平安打完柴火見二青還沒回來，氣得領著大青回到家裡。尋思天黑以後，二青找不到食吃就能回來。他就這樣等了一天又一天，直到三天過去了，還是不見二青的影子。

平安仍和過去一樣經常到山上打柴。這天平安剛打完一捆柴火，突然從樹林中躥出幾隻大灰狼，把平安和大青團團圍住。大青見主人有難，豎起尾巴，張開大嘴，忽地向狼群撲去。俗話說：「好虎架不住群狼」，何況一條狗？儘管他前後拚搏，左右衝殺，也沒能打敗這群餓急了的野狼。那群狼一面和大青搏鬥，一面向平安逼近。圈子越圍越小，平安和大青的處境十分危險。就在這時，狼群中躥出一隻又高又大的灰狼，後腿一蹬，就向平安撲來。人被逼急眼了，大概也就不知道害怕了，平安手握鐮刀照撲來的灰狼的腦殼就是一下。可是，當他的鐮刀即將落到灰狼頭上時，他突然發現，這隻狼原來就是二青。平安大吃一驚，收起鐮刀罵道：「二青，二青你是個沒良心的東西，早知道這樣，當初不該救你。」二青一聽主人認出了它，朝平安看了看裝出很羞愧的樣子，把嘴拱進土裡，無可奈何地叫了幾聲，這群狼聽到叫聲不情願地慢慢散開了。二青也跟著走了。平安怎麼喊它，它也不回頭，徑直朝樹林跑去。

平安回到家裡，又驚又嚇，得了場大病。大青見主人病了，天天守在主人身邊，一步也不離開。平安不吃不喝，大青也不吃不喝。這天平安摟著大青的頭說：「大青，你走吧，我怕是不行了！」大青聽了好像心裡也是酸酸的，眼淚撲簌簌地掉下來。

過了幾天平安死了。人們把平安埋到山上。大青守在墳旁不吃不喝，流著眼淚，兩眼直直地望著它和平安經常打柴的那片樹林。一天、二天過去了，第三天天快黑的時候，二青領著一群狼崽來吃平安的屍體了。大青見二青要吃主人的屍體，好像徹底認清了二青的本性，它憤怒極了，像一頭髮狂的雄獅，忽地一下子撲到二青身上。二青見大青如此凶猛，先是膽怯了幾分，加之還要偽裝自己，只好敗退了。二青雖然走了，可大青心裡總不踏實。它低頭想了想，便把平安的屍體扒出來扛回了家。打來一捆高粱秸，把平安的衣服帽子套在上面之後，又到山上，把平安的墳墓挖成一個又大又深又陡的坑，最後把高粱秸輕輕地放在上面，又撒了一層土，弄成了個墳的樣子。這樣，一個陷阱便做成了。

到了晚上，二青又領著一群惡狼來到這裡。一看大青不在，高興地呼啦一下子擠擁了過去，沒想到還沒等它們站穩，就都一起掉到陷阱裡了。它們又叫又號，亂成一團。這時大青領著村裡的人趕來了，人們拿著鐵鍬、鎬頭、鋤頭，把一群惡狼統統打死了。

狼被打死了，沒有野獸來扒墳了，人們把平安埋葬了。從那以後大青天天守在墳旁，不吃不喝，後來就死在了墳旁。人們很疼愛這條狗，於是便把它安葬在平安的墳旁。

狼，又是十分狡猾的。

不過，狼再狡猾，往往又能被獵人識破。

傳說從前，樺甸二道甸子山裡有一隻老狼，可鬼道了，它時常溜進人家的屋裡，藏在門後或柴火堆裡，單等晚上人都睡熟了，它再出來消消停停地吃個痛快。大夥是又恨它，又怕它，真拿它沒辦法。

屯子裡有個二大爺，一輩子打山牲口，那年已經七十八啦，身板還硬朗得像個小夥子，大夥有個大事小情的都去求他。二大爺的鄰居是一個老太太，領著兒子和媳婦過日子。這天，兒子上山打柴火。那時，背柴要用柴火架。兒子背柴往回走，那隻老狼精就跟上來了。兒子進屋時，老狼就站起來，前爪把著柴火架子，身子緊貼柴火，就和老太太的兒子一塊兒溜進屋來。老太太的兒子放下柴火就去關門，老狼精趁這當兒一下子躥上了房梁，藏在上面了。

　　不一會兒，娘揀豬菜回來了。一進屋就說：「孩子，我的頭皮咋一勁兒發夯呢！」

　　人老了懂事多。

　　娘想了想，說：「小子，快去找找你二大爺！」

　　老太太的兒子來到二大爺家，把家裡的事一說，二大爺二話沒說，拿起兩塊火石就往外走。來到鄰居家門口，二大爺讓老太太和媳婦都出來，然後他打開外屋門，往門檻子上一跪，拿起火石「剌啦剌啦」就劃開了。二大爺一打一溜火，一打一溜火，嘴裡直罵：「你出來不！你出來不！」

　　二大爺打著打著，只聽嘩啦一下子，從房樑上就躥出一道白光，「咕咚」落進水缸裡去了。二大爺從地上站起來，吩咐道：「小子，去挑水！」

　　老太太兒子也不說話，摸起水桶就走了。他挑了一挑又一挑，大排子缸足足裝了四挑子水。到挑第五挑子水時，只聽缸裡出聲了：「二大爺，饒了我吧！饒了我吧！」

　　二大爺一邊悠閒自得地抽著旱煙，一邊問：「你還坑人不啦？」

　　「不坑人啦，二大爺！再不坑人了！」

　　「那就饒了它吧。」

　　二大爺話音剛落，水缸裡的葫蘆瓢下邊「嘩啦」一聲站起一隻老狼，跳出水缸就直往南邊跑去了，毛都發白了。

　　從此，聽說這老狼精再也沒出來鬧騰，它是讓二大爺的一頓涼水灌的。直到現在，誰家要鬧邪，也還是先把水缸挑滿。據說這就是那時留下的規矩。

金學天表述狼的形態時，還不斷地晃頭，這是人們至今也沒破譯的一種形態。

四、豹　躍

《高興》中表述豹子的形態，簡直叫人驚心動魄。

金學天先把左手握住拳，收縮到肘窩裡，右手突然伸出，五指鋼爪般地展開，在頭慢慢轉動時，口眼一瞪，發出驚人的號叫，突然一個高躍起來，直奔懸崖或枯樹。

豹子曾經給人類以致命的打擊。這在他的表述中也體現出來了。

五、豬　挑

挑在這裡發「挑」（tiǎo）音，指它用頭猛地向上掘挑敵手，利用它頭和脖子的力量，發揮它牙齒的功能，制服對方。

《高興》講述豬挑時，金學天自己先蹲在地上，頭緊緊地縮回脖腔裡，雙手微拄地，雙眼四處巡視，突然，頭猛地伸起，大吼一聲奔將出去，一頭將捆好的一垛青草挑起，向空中揚去。

那種威力，使人懼怕。特別是他（它）又回轉頭來，並準備衝向你。那一切形態表明那已不是「人」，而是一頭髮現了要殺死它的獵人的野豬，正準備和來者拚命。

和野豬周旋，山裡獵人的傷亡是很大的。

六、鷹　盤

《高興》中描寫鷹的功能是盤飛和利嘴，這在金學天的描述中已經能全面地見到了。他先把雙膀展示開，微微地後傾又向上翹起，彷彿是鷹的翅膀，接著他便在地上起舞盤旋。這時他最突出的部分是頭和眼。

他的頭平而眼卻往高天尋找，一副鵰鷹在空中尋找或盯住獵物的姿態。有時雙手又耷拉下來，酷似山鷹的兩隻利爪，使人懼怕。

鷹在北方的民族中有極特殊的功能，這是人類在長期的狩獵過程中逐漸認識到的。

七、狗　逐

《高興》中也講述了人類和狗的特殊關係，這恰恰證明了人類走過了漫長的狩獵的歷史過程，說明人類付出巨大的艱辛，把凶狠的野狗訓練成了忠於自己的獵狗，並使狗成為人的親密的朋友和夥伴。

《高興》對獵狗的描述是具體而又多方面的，最突出的特點是追逐功能。每當狩獵歸來，獵狗總是高興地前前後後地跳來跳去，一會兒和獵人親熱，一會兒又和家人親熱，而在獵場上，獵狗是突發般地追撲獵物，保護獵人，往往也有傷亡。

那是一種極其悲慘的傷亡，金學天描述獵狗的離去和死亡，往往悲痛欲絕，他幾乎跪在地上，哭天喚地，人們的心情被他的情感完全感染了。於是，人們認識了獵狗，也認識了人類自己。那些原始人的真情在金學天模擬祭狗的「舞蹈」之中展示得淋漓盡致，生動苦楚。

關於狗，人類有許多生動的傳說。

有一個故事，說美國的一個狩獵家族養了一條狗，有一天主人出去辦事，把狗和孩子放在家裡，這時來了一隻野狼，狗拚命和狼搏鬥，孩子嚇得躲在窗檯上的窗簾後面了。獵狗追到院子裡終於把狼咬死了。這時獵人回來了。

進門一看，孩子不見了，喊了幾聲，也不見回聲，而狗坐在窗檯上不動，又見狗嘴上有血，獵人氣極了，一槍就把狗打死了。這時，嚇昏的孩子從窗檯後爬出來，獵人愣了。後來獵人又在院子裡找到了狼的屍體，這才明白是自己殺死了有功的狗。他給狗跪下來，抱在懷裡，可是一切都晚了。

在長白山撫松漫江的林子裡，有個出名的炮手，他叫李浩龍。這一天，他跟著爹爹和夥伴小趙，帶著自家心愛的三條圍狗上山去打獵。進山不遠，就遇上了一頭野豬。他拎起獵槍，也沒瞄準，就「咣」地放了一下子，沒有打中。

這倒把野豬惹火了。它扇著兩個蒲扇似的大耳朵，尾巴捲著直轉圈圈，不一會兒，它就「呼哧呼哧」地奔李炮手來了。李炮手一看，要躲藏已經不趕趟了，就忙著往身邊的樹上爬，沒等爬兩步，野豬已來到眼前，它用長嘴一拱，就把李炮手從樹上拱下來摔倒在地上。李炮手急忙往起爬，還沒等起來，野豬就上來了。李炮手想：「這回可完了……」他趕忙用腳狠勁兒踢野豬，野豬一張嘴，把李炮手的鞋咬住了。

這時，炮手的三條圍狗跑上來圍住野豬，兩條大狗，一左一右各咬一個蒲扇似的大耳朵；一條小狗，咬住野豬的尾巴往後拽，三條狗不放口地使勁兒咬，把野豬咬疼了，它「嗷」的一聲，放開了李炮手，李炮手就地一滾，坐了起來。野豬跑了兩步，站住了，它正呼哧、呼哧地運氣……

炮手的爹爹，一看兒子的腳咬傷了，褲子也撕破了，就氣不打一處來，操起槍就要打野豬。可槍膛沒有藥，他著急上火，兩手哆哆嗦嗦，往槍裡裝藥，卻撒了一地。炮手一看，這不完了。正在這節骨眼上，同伴小趙跑來了。爹爹說：「快打、快打！別讓野豬跑了。」

小趙慌慌張張地放了一槍，槍響了，他嚇得丟了槍就跑。野豬一聽槍聲，二番腳又跑了回來，眼看就衝到他們爺倆面前了。

李炮手說：「爹爹你快打！」

爹爹說：「我不打！」

「小趙你來打！」炮手喊同伴說。

「不打了，第一槍沒打中，我不會打它的！」

炮手急了，搶過槍來，「咣」地一下子，不偏不歪，把正在跑著的野豬撂倒了；但它沒有死，四個蹄直蹬蹬，三個圍狗躥上來，你撕我咬，不一會兒野豬就斷了氣了。

三個獵手，汗水淋淋，跑到野豬躺倒的地方一看，嘿，一口七八百斤重的大野豬，嗓子眼讓三條獵狗都給咬爛了。

炮手回身，用手拍拍他心愛的圍狗，三條狗搖著尾巴，前後左右地圍著他

轉，還一個勁兒「汪、汪、汪」叫著。

　　人類對狗的認識的文化形態十分豐富。從前，獵人們主要是靠獵狗去尋找獵物的，往往是十幾條獵狗同時撒出去，一旦一條狗發現了獵物叫起來，十幾條狗立刻趕去圍攻，撕咬成一團。待獵人趕到時，獵物和獵狗都已是遍體鱗傷。這時，獵人一聲號令，獵狗四散開去，由獵人開槍擊死獵物。

　　獵狗圍攻猛獸的場面是非常慘烈的。

　　獵狗能以多取勝，但野生動物以其龐大的體格、野生的凶殘與之搏鬥，往往將獵狗咬死或者抓傷，使可憐的獵狗終生殘廢。

　　在西藏的山裡，在奔騰的雅魯藏布江岸邊，中央電視台的記者梁文鋼先生就聽到了一個關於獵狗的極其苦楚而動人的故事。叫人聽了心酸，而且永久不忘。

　　傳說有一個獵人帶著他的狗群沿著雅魯藏布江走了好幾天，卻一無所獲。終於有一天，他的最好的一條獵狗在山谷裡發現了一隻大羚羊。

　　獵狗邊叫邊追，羚羊拚命地逃竄。從深谷追到山頂，又從山頂追到另一個山頂。別的狗都聞聲圍過來了，獵人也聞聲追過去；但那頭羚羊非常健壯，奔跑如飛，將狗群遠遠地甩開，只有那條最好的獵狗緊隨其後，猛追不捨。

　　獵狗好幾次撲上去咬住羚羊的後腿，抓傷它的肚子，但帶傷的羚羊跑得更猛，一直衝上了高聳的山崖。羚羊企圖猛跳一下，越過懸崖，跳到江的對岸，可是距離太遠，它一下子掉進千米之深的峽谷，落入雅魯藏布江底粉身碎骨了。

　　這時，獵人也趕到了。他想喝住自己的獵狗，可是，一切都晚了。他的命令還沒有發出，只見那條勇敢的獵狗，在獵人驚異的目光下，早已飛身躍起，緊緊隨著羚羊之後，也跳躍著飛入了深深的雅魯藏布江……

　　也許，獵狗想到粉身碎骨正是自己的職責，也許它什麼也沒想，只是向獵物追去。

　　在當地，人們講述著這條獵狗的故事，而人們見到一隊隊的狩獵隊伍從山

裡回來，每一條獵狗都是遍體鱗傷，其中一條狗，半邊臉已被撕開，一大塊肉耷拉下來，令人目不忍睹。據說這條衝在最前邊的獵狗，剛向一隻大黑熊撲去，被熊一掌打翻在地，再站起來，獵狗的臉就成了這樣子……

而我在讓金學天描述遠古的狩獵史詩《高興》時，當他學到「獵狗」部分時，就有那種獵狗一起一倒、一起一倒的動作。

我問老人：「獵狗怎麼了？」

老人說：「它在換身。」

「換身？換什麼身？」

老人也茫然不知。他說，他的祖上就是這樣傳承下來的。而如今我想，獵狗的「換身」，或許就是「換命」，就是在它與凶猛的野獸搏鬥時，不停地被野獸打翻在地，而它，又一次次地爬起來。也許就是這樣的解釋。

老人演示的獵狗的換身，使人想到了史前時期人類的歷史，令人意識到生命本身的悲壯。

八、蛇　擰

在久遠的歷史中，蛇占據了人類的心靈。據說人類圖騰的組合物龍的最早的形象就是蛇，它有一條不停扭動的身軀，可以在荒原和叢林中稱王。

金學天展示《高興》中蛇的特點是扭動和打滾。他會突然在草地上躺下，然後頭努力抬起、前傾，接著肩反而靠地，肚子和腰升起，屁股時而升起時而降落，帶動著並在一起的腿不停地彎曲，於是一條山林中的「老蛇」，在凶猛地扭動著前行。

它不停地伸頭，一伸頭，就惡毒地咬人。

奇怪的是，他模擬的蛇，雙手都緊緊地貼在兩腰間，最感人的是頭在不停地扭動，機警地四顧，眼發出逼人的光芒。而且一抬、一停，彷彿在「聽」什麼。

《高興》展示的內容十分複雜而豐富，其中有許多內容是表述人們狩獵技

術和技巧的，那些微妙的動作或往往不被人理解的動作及表情恰恰述說了原始人一項重大的發明，當然這要靠人們去進行深入細緻的分析。

金學天的描述，又向我們展示了大自然中蛇的分佈和不同的種類。

蛇有許多種，魯迅在他的小說中曾經提過「叫人蛇」，說在黑黑的夜晚，叫人蛇來了，發出人的聲音，叫誰誰一答，「魂」便會被引去。

但是民間，真有「叫人蛇」的故事。

傳說，從前有一個布販子，整天背著布匹走鄉串屯賣布。他的名字叫陳德。陳德有一個愛好，用小瓶養了一隻小蜈蚣。這小蜈蚣能知道陰天、晴天。陰天，它趴在瓶底上一動也不動；晴天，它就跑到瓶子頂半部去玩耍。陳德看著小蜈蚣的變化，陰天早住店，晴天多趕幾個村子，好多賣點兒布。

一天，陳德走進了一條山溝，聽見身後有人喊道：「陳德！」他順口答應道：「哎！」可是，回頭一看沒有人。他往前走了幾步，身後又連著喊了兩聲，他又回頭看看，還是沒有人。他想，在這荒郊野外誰知道我陳德的名字？一定是我耳朵聽錯了。一想，也沒放在心上，繼續向前走去。

過了山岡，已是日落西山的時候，陳德找了一個小店住下了。店小二給他打了一盆洗腳水。陳德在洗腳的時候無意中對店小二說：「今天我碰見了一件怪事——我走到你們這北山溝裡，聽見有人喊了我三聲，可是沒見著人。」店小二大吃一驚，急忙說道：「壞了！那條山溝裡住著一條毒蛇——叫人蛇！它要叫你的名字，你不答應，啥事沒有；你要是答應，它非得把你吃掉不可！」陳德一聽，嚇得連腳也顧不上洗，說：「那就沒有解救的辦法嗎？」店小二說：「沒有！過去有些客商就是這樣被叫人蛇吃掉的。看來，你也很難活到天亮了！」店小二說完，走到前面招待別的顧客去了。

陳德一想，完了，我恐怕活不過今天晚上了！又一想，我死了，不能讓我的小蜈蚣也死了。於是，他打開小瓶蓋兒，放在窗櫺上，說：「小蜈蚣啊，你走吧！看來我今天晚上要沒命了，你趕快逃命吧！」

等到半夜時候，陳德有點兒困了。他在似睡非睡的時候，聽得外面飛沙走

石，刮得嗚嗚響。他趕緊睜開眼睛把窗戶紙捅個窟窿往外看，外邊霧氣沼沼，像打仗似的。嚇得陳德一聲也不敢吱。

一直等到天亮，外邊風平浪靜。陳德壯著膽子出去一看，有一條很大的毒蛇死在地上。蛇是怎麼死的？不知道！他一吵嚷，大夥出去一看，在毒蛇的腦袋上咬著一個小蜈蚣。正是陳德養的那個小蜈蚣，死死地咬在毒蛇的腦袋上，把毒蛇的腦漿都咬出來了。

那叫人蛇，被咬死了；那小蜈蚣，也累死了。

這是徐明舉先生蒐集的關於動物保護主人的故事，證明了金學天先生描述的動作存在的可能性。

而真正要對付蛇，是要付出巨大的代價的。金學天在描述蛇時，已透出了蛇的凶狠和狡詐。據張平先生蒐集的一個故事說，長白山的野獸，一怪二奇。其中貅、猚犴在這些怪獸中算最厲害了。可是，還有一種怪獸叫「沙蛇」，更使獵手們難以對付。

勇斬沙蛇這個故事，出自清朝乾隆年間。

那時，皇上雖然把長白山封為禁地，可是有些圍幫獵手，還是偷偷地闖進長白山打獵。

一年，長白山南坡龍崗沙蛇嶺，出現了一條沙蛇，興妖作孽，攔路傷人，攪騰得獵手們誰也不敢進山打獵了。住在龍崗腳下的圍主李五，不聽那份邪，非要進山和它撕巴撕巴不可。

圍主李五，四十多歲，曾拜山東嶗山真人為師學藝，他膽子大、力氣足、功夫硬、刀法好，是獵戶中的一個全才，尤其他練就的一手「鐵砂掌」更是厲害無比，幾丈高的影壁牆，伸掌一擊，「嘩啦」就倒，圍幫獵手們給他起了個美稱，叫「神掌李五」。

卻說李五，收拾利索，拎起鋼刀，獨自進了山，去為民除害。他一不碼蹤，二不尋跡，翻山越嶺，行走如飛。他爬過望章台，路過團秀山，登上老龍崗，來到了沙蛇嶺。他站在一塊臥牛石上一撒目，眼前有塊方圓一里多的平坦

江沫沙荒地，地中間有座數丈高的沙丘。他打量一陣子，不見沙蛇的蹤影。由於風餐露宿行走了兩天，疲勞不堪，於是，他走到沙丘的沙包上坐下歇息。剛剛坐穩，「轟隆」一聲巨響，把李五跟頭把式地彈出十多丈遠。

李五就地來了個十八滾，「噌」地一下站立起來，回頭一瞧，不由得頭皮發麻，汗毛直豎，抽了一口涼氣，說：「好險哪！」原來他坐著歇息的那座沙丘，正是那條沙蛇偽裝的。這條沙蛇，足有七八丈長，缸口粗，海碗大的眼睛，渾身江沫沙色，肚皮下長著四隻利爪。土黃色的鱗片，像膠上一層沙粒，疙瘩溜丘，十分嚇人！李五機警，一看明白了，原來這條怪獸，利用身上沙粒般的保護色，蜷曲成沙丘，攔路害人。

說話間，沙蛇怪叫一聲，震得李五耳膜發脹，眼冒金星，緊接著它飛騰而起，張牙舞爪向李五撲來。李五毫不怠慢，一個跟頭躥到沙蛇尾部，「唰」就是一刀。沙蛇很機靈，「嘩啦」一甩尾巴，把李五掃了一溜跟頭，李五的胳膊被撕下一條子肉皮。

李五火冒三丈，抽出毒藥手鏢，右手一揚，「颼──」的一聲直奔沙蛇咽喉。誰知那手鏢好像撞在石頭上，「噹啷啷」彈了回來，「錚錚錚」穿到十多米遠的砬子縫中。

李五一看，沙蛇道行不淺，心想，不是魚死，就是網破，為民除害，豁出去了。於是，他大喝一聲：「大膽孽畜，看刀！」鋼刀較上勁兒了，上三路，下三路，左三刀，右三刀，一路接一路，刀刀生風，步步逼近，出手凶狠，變化莫測。「叭」一刀，砍到沙蛇的面門上，「噹啷啷」把李五的鋼刀崩飛了⋯⋯

這時，沙蛇更激怒萬分，咆哮如雷，張開血口，露出利齒，吐出三尺多長的蛇芯子，騰空而起，猛撲李五。李五一看不好，「噌噌」鑽進老林。李五前頭跑，沙蛇騰空飛起，抖動著鱗片，發出嘩嘩響聲猛追。李五機智過人，眉頭一皺，計上心來。常言說，蛇走直道，不走彎路，於是，他圍著一棵大樹，轉起圈來。誰知沙蛇招數更多，它也圍著大樹追趕起來。李五緊跑，沙蛇緊追，轉了二百多圈，李五已經累得頭暈目眩，精疲力竭了。可是，沙蛇越追越猛，

越轉越快，猛然腦袋一甩，改變追趕方向，來了個「倒推磨」，粗大的身軀「唰唰」幾圈，把李五纏在大樹上，扭絞著身子用勁兒一勒，把李五勒得眼前發黑，五臟欲裂，呼吸困難，危在旦夕。

在這千鈞一髮之際，李五猛然想起師父傳授的絕招，他運足力氣，使出縮骨神功法，「哧溜」從沙蛇肚皮下鑽了出來。李五覺得渾身疼痛，低頭一看，衣裳前襟皆無，肚皮像是被銼刀銼去一層皮。幸誇李五側著頭，否則，鼻子被銼掉，則面目皆非了。可見沙蛇的蛇皮，比銼刀還要厲害萬分呢！

李五逃出來，沙蛇惱怒萬分，它大吼一聲，震得參天大樹猶如狂風怒卷，樹葉落地一片。於是它又絞動身軀向李五撲來。此時，李五惱恨萬分，使出師父教的最後一個招法，一個騰躍騎到沙蛇的脖頸上，運用鐵砂掌的功夫，使出千鈞力氣，照沙蛇的天靈蓋「哐哐」數掌，打得沙蛇腦漿四濺，滿面開花，此時，沙蛇嗷嗷慘叫，身軀絞扭翻滾，尾似鋼鞭，碗口粗大樹抽倒一大片，長拖拖地倒在地上死掉了。

龍目蛇珠都是寶，於是，李五抽出攮子，「嚕嚕」幾下把兩顆沙蛇的眼珠剜出來。這兩顆蛇珠，成色不一，一顆錚明瓦亮，光彩照人；另一顆烏黑如墨，光滑似玉。李五想，這一定是無價之寶。

為了弄清蛇珠的用項，李五帶著這兩顆蛇珠，乘鴨綠江上的木排，下到南海（丹東市），找個大山貨莊，打聽沙蛇的來龍去脈。山貨莊的劉老闆高興地對李五說：「這沙蛇出自長白山，它吸收了日月精華，飽嘗了人參果，已有五百多年道行。這種怪獸胃口大，一頓可吃五頭野豬。為了消化腹中食物，它每天都把身子絞纏在松樹上，又絞又勒，渾身沾滿松油子以後，再爬到江沫沙上翻滾一氣，這樣，麟片上年復一年地掛上厚厚一層『沙甲』，刀砍不進，槍打不透。為此，它的麟片像銼刀那樣鋒利，猛勁兒可把人銼死！另外，這怪獸招法很多，因為它身上一層沙粒保護色，經常蜷曲喬扮沙丘，魚目混珠，攔路傷人，吞吃野獸。這兩顆蛇珠是稀世之寶。錚明瓦亮這顆，是夜明珠；烏墨似玉這顆可治百病，用項大著呢，不管瘡、癤、癬、瘤等不治之症，只要用這珠滾

動幾遍，馬上消腫，立刻就好。尤其紅傷、刀棒槍傷，只要用它滾動幾遍，馬上封口癒合。」

自從李五捨生忘死除掉沙蛇後，到沙蛇嶺挖參、打獵的鄉親們，再也不受怪獸的欺負了。從此，李五改行行醫，在南海（丹東市）開了個「同善堂」藥鋪，不收分文，專用蛇珠為窮苦人治起病來。而金學天表述《高興》中蛇的形態也說明了長白山中蛇是很多也很怪的。

九、珠子裡的動物

從金學天描述中得知，《高興》一書中記載了大量豐富的狩獵知識和事件，他說裡邊還記載了一個狩獵人得到一顆珠子的情況。

那是一顆奇特的珠子，那珠子有拳頭那麼大，冷眼一看，像蜘蛛在裡邊跑。

我問老人：「長白山裡有蜘蛛嗎？」

老人說：「有。」

「什麼樣的呢？能講一下真事嗎？」

「啊呀！我爺爺告訴我一個關於長白山蜘蛛的事……」

於是他告訴了我關於蜘蛛的故事。

他說是聽他爺爺說的。早些年，在深山老林裡有個打圍的，那箭射得能百步穿楊，天上飛過一隻鳥，說要射它的眼睛，絕不射在脖頸上；地上跑過一隻兔子，說要射它的鼻樑，絕不射在嘴巴上，真是神啦。有一天，他正打圍呢，老天爺突然變了臉，黑得和鍋底一樣，不一會兒，又是雷轟，又是閃電，簡直像要把天翻個個兒一樣，就是乾打雷不下雨。打圍的躲在一棵大樹底下，雷一個勁兒在他頭上轟，閃電一個勁兒地在他頭上扯。咋回事呢？他從樹底下跑出來，藉著閃電往大樹上一看，哎呀！有個磨盤大的蜘蛛正銜著一棵三尺多長的野草，躲在樹頂上哩，他彎弓搭箭，把那棵野草給射了下來，掉在了地上。這時只見電一閃，轟隆一聲，一個大炸雷劈了下來，把他都給震昏了。等他甦醒

過來，睜眼看時，已經是大晴天了。太陽從樹縫裡照下來，就像用篩子篩過一樣，再看那蜘蛛，沒了，看那大樹，大樹也燒煳了半拉，樹幹上有行大字：「助天滅妖，增壽十年。」他到樹根兒低頭一看，地上有張大蜘蛛皮，皮又厚又軟，他撿了回來，用它做了雙靴子穿。你說怪不怪，這靴子穿腳上，冬暖夏涼，穿上它在山裡打圍，走起道來，可輕啦，簡直都能把人飄起來。山裡的野物，就數兔子跑得快，可穿上這雙靴子，連兔子都能撞上，你說神不神！

《高興》中記的那顆珠子，翻過來一看，又像是一隻蝴蝶在飛；再一看，又像是蟲，又像是龍，又像是蜈蚣。蜈蚣在山裡又叫「草鞋」，是因為它像「鞋」的樣子。

在林子裡不準直呼動物的名字，不然會給人帶來災難。《高興》中也反映了這個觀念。

珠子的那個動物，再一看，又像毛毛蟲，就是林子裡那種能從草上往上爬的毛毛蟲；還像蝲蝲，又像螞蚱，真是奇特極了。

這個珠子，金學天叫「這個玉」，是一塊長白山裡的玉石，轉動著玉石，裡邊的蟲子圖形就呈現出不同的形狀。

他說：「這個玉，和《高興》，都是老人傳下來的，誰有能耐就給誰。」

我問：「為什麼會傳給你？」

他告訴我，他有兩個哥哥，一個兄弟，之所以把玉（珠子）和《高興》傳給他，是因為他有這種模仿動物聲音和動物表情的本領，爹和爺爺信任他。他管模仿叫「召呼」，「我一召呼野獸，父親一看，我行，從此一下子就看上我了……」

從那，父親和爺爺開始把《高興》中的所有狩獵特技都教給他，還請來了長白山裡一個叫「八方道人」的老人一塊兒教他。於是從此，金學天可以用草葉、木片、石條什麼的往嘴裡一放，就發出各種奇妙的聲音，把動物引來。

在二十世紀五〇年代和六〇年代中期，全國許多地方，如通化、丹東、鳳城等地，都請他去表演過狩獵的舞蹈和特技。最為可惜的是，在「文革」中，

這本珍貴的古狩獵資料《高興》和那個有著奇特動物圖案的珠子都失傳了。

今天，讓我把《高興》恢復給世界。而恢復工作，才剛剛開始，老人便得了重病，我呼籲全人類都來關懷金學天老人，因為一旦失去了他，也許人類所創造的諸多珍貴的文化遺產將會就此永遠地失傳了。

▌附記

　　長白山漁獵文化是這塊土地上重要的代表性文化。由長白山發源的松花江、鴨綠江、圖們江彙集了千百條大小江河最後分別注入大海，從而形成了東北獨特的漁獵文化。漁獵文化是包括江河湖泊捕魚和山林、草原狩獵在內的綜合性漁獵、狩獵活動的總稱，是一種集山水、林莽、江河為一體的文化類別，是人類最具文化多樣性的一種文化。

　　自古以來，生活在長白山、松花江、鴨綠江、圖們江、黑龍江、烏蘇里江流域的民族就依靠漁獵活動而生存。漁獵活動是人類的一種充滿智慧和力量的活動。面對殘酷的大自然，人要勇於進入危難中去穿越，以勇敢的武器去戰勝自然，維繫生存，從而創造出燦爛的漁獵文化。漁獵文化是人類的精神、能力、情感、智慧為一體的綜合性遺產，是最具有生動內涵與神奇情節的故事和記憶，又是人生命活動最為難忘的悲壯與幸福過往，那是對先人勇敢的歌頌，是對爺爺奶奶智慧的傳承，是對人類走入自然、面對生死的勇者行為的紀念，是對人類自身最為生動的讚歌。

　　漁獵，既有此者，又有彼者，哪怕是人類征服、獲取的對象，也往往給人類留下了難忘的記憶。人是生命，動物也是一種生命，是人與它們一起構成了大自然五彩繽紛與神奇神祕的夢幻。人類呼喚著大自然的萬千生命的蓬勃，又思念著諸多向大自然索取的生存歲月的感悟。原來，這就是生命本質的情懷，人類記住了索取，也難忘給予，這是生命對等的交融，卻讓一種最為生動的文化從此永生——長白山漁獵文化，一首人類的精神史詩，一束散發出永恆的美與文化的光芒，它照亮了歷史，也必將照亮未來，因為那是獨具的絢麗的人類遺產的光芒，會讓生動和美成為永恆。

吉林文庫 A0703B08

長白山漁獵文化　下冊

主　　編　曹保明
版權策畫　李　鋒
責任編輯　楊家瑜

發 行 人　陳滿銘
總 經 理　梁錦興
總 編 輯　陳滿銘
副總編輯　張晏瑞
編 輯 所　萬卷樓圖書股份有限公司
排　　版　菩薩蠻數位文化有限公司
印　　刷　維中科技有限公司
封面設計　菩薩蠻數位文化有限公司

出　　版　昌明文化有限公司
桃園市龜山區中原街 32 號
電話　(02)23216565
發　　行　萬卷樓圖書股份有限公司
臺北市羅斯福路二段 41 號 6 樓之 3
電話　(02)23216565
傳真　(02)23218698
電郵　SERVICE@WANJUAN.COM.TW
大陸經銷　廈門外圖臺灣書店有限公司
　　電郵　JKB188@188.COM

ISBN 978-986-496-308-9
2018 年 1 月初版
定價：新臺幣 340 元

如何購買本書：

1. 轉帳購書，請透過以下帳戶
　　合作金庫銀行　古亭分行
　　戶名：萬卷樓圖書股份有限公司
　　帳號：0877717092596
2. 網路購書，請透過萬卷樓網站
　　網址　WWW.WANJUAN.COM.TW
大量購書，請直接聯繫我們，將有專人為您
服務。客服：(02)23216565　分機 610

如有缺頁、破損或裝訂錯誤，請寄回更換

國家圖書館出版品預行編目資料

長白山漁獵文化 / 曹保明主編.-- 初版.-- 桃
園市：昌明文化出版；臺北市：萬卷樓發
行, 2018.01
　冊；　　公分
ISBN 978-986-496-308-9(下冊：平裝)
1.捕魚　2.狩獵　3.文化研究　4.長白山
683.42　　　　　　　　　　　　107002199

本著作物經廈門墨客知識產權代理有限公司代理，由時代文藝出版社授權萬卷樓圖書
股份有限公司出版、發行中文繁體字版版權。
本書為金門大學華語文學系產學合作成果。　　　校對：劉懿心